KB074616

타로로 묻고
심리학이 답하다

나를 찾아 떠나는 타로 여행

타로로 묻고 심리학이 답하다

1판 2쇄 펴낸날 2024년 6월 14일

글 자연

펴낸이 정종호

펴낸곳 (주)청어람미디어

편집 홍선영, 정연우

디자인 구민재page9

마케팅 강유은

제작·관리 정수진

인쇄·제본 (주)성신미디어

등록 1998년 12월 8일 제22-1469호

주소 04045 서울시 마포구 양화로 56, 1122호

전화 02-3143-4006~4008

팩스 02-3143-4003

이메일 chungaram_e@naver.com

홈페이지 www.chungarammedia.com

인스타그램 www.instagram.com/chungaram_media

ISBN 979-11-5871-234-1 13100

타로로
묻고
심리학이
답하다

나를 찾아 떠나는 타로 여행

자연 지음

싱어람미디어

차례

머리에서 가슴까지의 거리. 고작 35.56센티미터.

이 짧은 거리가 실은 가장 '먼 거리'라고 합니다. 인생이란 이 짧고도 먼 거리를 여행하는 것이겠지요. 그런데 머리라고 생각했던 것이 사실은 저 밑바닥 가슴의 반향이고, 가슴이라고 생각했던 것이 소리굽쇠처럼 스스로 만들어낸 진동일 수도 있다는 것이지요.

심리상담과 타로의 공통점은 감자 한 알인 줄 알았던 작은 징후들을 통해 줄줄이 엮여 있던 나의 무의식을 만난다는 것입니다. 그저 모난 성격인 줄로만 알았던 내 성격이 사실은 보이지 않는 무의식의 반영이며, 크고 작게 내가 받았던 상처의 반사라는 것을.

나는 타로카드 속의 그림과 상징 속에 숨겨진 비밀을 연구하는 사람입니다. 그 일은 바로 나의 무의식을 알아가는 것이고, 나의 무의식을 다스리는 만큼 나를 제대로 사랑할 수 있을 것이라는 생각이 다시금 드네요. 앞으로도 나를 찾는 여행은 멈추지 않고 계속될 것입니다.

이 글은 내가 상담하면서 만났던 사람들의 이야기이기도 하고 내 삶의 여정에서 느꼈던 기쁨과 슬픔, 상처와 치유이며 어쩌면 우리가 살면서 한 번씩 맞닥뜨리게 되는 또는 된 고민들이기도 합니다.

자연심리상담연구소에도 봄 여름 가을 겨울, 그렇게 많은 바람이 다녀갔네요.

2023년, 가을에

자연

나의 비밀창고

)) ● ((

우리는 알지 못하거나 늘 잊고 있는 것 같으나
우리가 의식하고 있는 모든 것은
하나의 이미지이며, 이미지는 정신이다.
의식이 되는 것은 하나의 이미지로 나타난다.

칼 구스타프 융

휴일 동안을 산책과 집필에 몰두하면서 집에 있는데 나를 성가시게
하는 작은 초파리 두 마리, 며칠째 아침이면 주방 여기저기를 날아다닙
니다.

주방에 있는 보관함들을 열고 초파리가 생겨날 만한 곳을 구석구석
찾아보지만, 아무리 뒤져봐도 헛수고인 채로 며칠을 초파리와의 전쟁. 아

침이면 주방에 나가 '초파리 원인 제공지 찾기'를 하면서 보냈지요. 조그 마한 것이 내게 그다지 해를 끼치는 것도 아니지만, 엄청 신경 쓰이게 하는 초파리와 조우하는 아침들.

그러다 드디어 원인 제공지를 찾았습니다! 바로 약탕기 밑, 어쨌든 며칠간 신경 쓰이게 하고, 주방 곳곳을 뒤지게 했던 그 아이들이 생긴 곳은 전혀 생각지도 못한 곳이었죠. 얼마 전 냉동실을 정리하다가 칡 순 몇 가닥을 말린 것이 눈에 띄었습니다. 코로나가 오기 전이니까 몇 년 전 지방에 가서 며칠간 쉴 때 산책하다가 재미로 손톱에 풀물 들이며 겪은 칡 순이지요.

순을 자연의 맑은 햇살과 바람으로 말렸는데 결과적으로는 아주 적은 양에 불과했어요. 그 길을 걷던 여름날의 추억이라 생각하며 그것을 가지고 집에 돌아와서는 냉동실에 넣고, 그다음엔 그 작고 허술한 비닐봉지를 까맣게 잊고 있었습니다. 전기 약탕기를 이용해 칡을 우려내는 과정에서 물이 넘쳤고, 그 물이 약탕기 아래 홈이 패인 부분에 남아 있으면서 칡의 단맛을 내고 초파리를 만드는 일을 한 것입니다.

우리 삶에도 마음에 힘든 영향을 미치며 삶을 지배하는 원인 모를 크고 작은 일들이 내부에서 일어나고 있지만, 우리는 알아차리지 못합니다. 그리고 우리를 지배하고 있는 무의식으로 나의 생각은 점점 번져갑니다.

한 개인의 내면에는 이질적이고 독립된 세계가 존재하지요. 그것이 우리 생의 비밀을 더 많이 쥐고 있으며 아주 힘이 세기도 합니다. 바로 무의식이고, 무의식이 곧 우리 생의 비밀스러운 보물 창고라는 생각이 듭니다.

그리고 그것이 객관적이지 않은 유년의 환상이거나 착오로부터 시작되었다는 것. 비밀창고로 떠나는 여행은 바로 '초파리'의 근원지를 찾는 일과 같습니다. 가슴속에서 느껴지는 쓸쓸함과 외로움이 버거움으로 다가오게 하는 그 원인도 역시 우리 안의 비밀창고에 가두어놓은 침 순의 달콤함이 만들어내는 초파리 같은 것은 아닐까요?

지금 이 순간을 살라

무엇을 하든 온전히 그것에 몰두하라
마지못해 하지 말고 전부가 되라

완전히 사랑하라

계산하지 말고
시간 끌지 말고
궁리하지 말고

전적으로 사랑하라

모든 것에 전부일 때
그것은 아름다움이다
그것이 전체성의 아름다움이다
부분적인 삶이 심리적인 기억을 만든다
전부일 때는 흔적을 남기지 않는다
이것이 카르마의 이론이다

지금 이 순간을 살라

1

불꽃처럼

ACE of WANDS.

불(火)은 강력한 힘으로 물질을 변화시킨다. 고체에서 액체로 나아가 기체로, 심지어는 분자구조를 바꾸기도 한다. 이렇듯 불은 당신 안의 에너지이다. 변화의 힘이다. 창조의 힘이기도 하다. 이 에너지가 당신 안에서 어떻게 작용하느냐에 따라 당신은 달라진다. 당신의 에너지는 어떤 모습인가?

당신은 당신 인생의 마법사

내 책 『타로로 묻고 인문학이 답하다』를 읽은 분이라면 이 카드를 기억할 것입니다. '마법사(The Magician)' 카드이지요. 마법사가 타로카드 1번의 위치에 온 것은 매우 중요합니다. '시작' 또는 '가능성'을 의미하기 때문입니다. '시작' 또는 '가능성'이란 마법사의 책상 위에 놓여 있는 4원소 때문에 가능한 것이지요.

우주의 근본 물질인 지팡이(火), 컵(水), 검(風), 펜타클(地). 이 4원소를 배합하여 마법사는 황금을 만들려고 했지요. 황금이란 세상에서 변치

마법사
The Magician

않는 가장 '귀중한 가치'입니다. 우리에게 인생이란 황금과 같은 귀중한 가치를 만들어가는 시간인지도 모릅니다. 물론 개인에 따라 그 황금은 각기 다르겠지만요.

우리에게 유년시절이란 가공되지 않은 순수한 4원소의 상태와 같습니다. 그 4원소의 속성을 어떻게 결합하느냐에 따라 우리는 자신이 원하는 그 무엇이 될 수 있습니다. 우리는 내 안에 4원소를 지니고 있다는 의미에서 무한한 가능성이며, 그 4원소를 사용하여 나만의 가치를 만들어 간다는 의미에서 마법사입니다. 그래서 웨이트 타로카드는 1번이라는 중요 위치에 4원소와 마법사를 등장시킨 것입니다.

그대는 마법사다! 그러니 그대 인생을 창조하라!

사랑의
거푸집

굴착기 소리에 잠이 깼습니다. 겨우내 얼었던 땅을 파고 무슨 공사를 시작한 모양입니다. 창가로 다가갑니다. 한결 부드러워진 햇살이 커튼처럼 창가에 드리워져 있고 멀리 굴착기와 포크레인의 모습이 보이네요. 긴 겨울이 지나고 나면 도로 정비나 신축 공사로 인해 여기저기 땅이 파헤쳐집니다. 그제서야 뒤늦게 봄이 왔음을 깨닫곤 하지요. 일정한 간격으로 울리는 굴착기 소리가 두통처럼 밀려오자 일찌감치 집을 나섭니다.

'자연심리상담연구소'로 가는 도로마다 땅이 녹아 질척거립니다. 공사장 옆을 지날 땐 일부러 포크레인이 파낸 수십 미터 지하 공간을 한참이나 들여다봅니다.

신축 건물의 터가 될 그곳이 어쩌면 우리의 무의식과 닮아 있었기 때문인지도 모릅니다. 터 닦기가 잘 될수록 튼튼한 골조를 세울 수 있는 것처럼 유년시절에 잘 닦인 정서는 튼튼한 마음의 골조를 형성해주기 때문이지요. 특히 엄마 아빠와의 애착 관계가 향후 사람들과의 관계 형성에 기초 공사와도 같은 역할을 한다는 것을 생각하자 불현듯 내 유년시절의 한 장면이 떠올랐습니다.

엄마가 언니를 데리고 가출하다

한 6살쯤이나 되었을까요. 그날 엄마와 아빠는 다른 날보다 심하게 다투었고, 급기야는 엄마가 언니를 데리고 가출을 하는 사건이 발생했습니다. 상황의 심각성을 미처 깨닫지 못한 난 엄마가 언니만 데리고 갔다는 사실만 못내 서러울 뿐이었지요. 저녁이면 돌아올 거라 생각했던 엄마의 가출은 그러나 예상보다 길어지고만 있었습니다.

시간이 지날수록 원망은 그리움이 되었고 그리움은 지는 해처럼 캄캄한 미움이 되었습니다. 엄마는 왜 나를 버려두고 간 거지? 왜 나보다 11살이나 많은 언니를 데리고 간 거지? 엄마로부터 선택받지 못했다는 사실이 어린 내게 묘한 상실감을 안겨주었던 것이지요.

그리고 며칠 후, 어린 내겐 꽤나 긴 시간으로 기억되지만, 엄마와 언니가 돌아왔습니다. 아마도 뭔가를 가지러 왔거나, 아버지와 담판을 지으려고 왔던 것 같아요. 나는 엄마가 다시 갈까 봐 옷 가방을 꼭 잡고 옆에 찰싹 달라붙어 있었습니다.

그런 내게 엄마는 다시는 날 내버려 두고 가지 않겠다고 약속을 했지만, 엄마는 또다시 '언니만을 데리고' 가버렸던 것이지요. 심지어 내가 꼭 붙들고 있던 가방마저 버려둔 채 말입니다. 엄마가 나를 속였다는 배신감이 엄마가 다시 떠났다는 슬픔보다 더 커다랗게 가슴 속에 못이 박혔습니다. 그때의 기억이 얼마나 강력했던지 지금도 당시의 서러움과 허탈감이 그대로 느껴질 정도입니다.

엄마의 부재 동안 나는 동네 아이들과 놀다가 무릎이 까지는 등 크고 작은 상처를 입기도 했고 '바바리맨'과도 조우하는 황당한 일을 겪기도 했습니다. 당시 나는 여기저기 생긴 상처들과 '바바리맨'이, 모두 엄마가 옆에 있지 않아서 생긴 일이라고 단정 짓고 내 불행을 모두 엄마 탓으로 돌리기에 바빴습니다.

물론 엄마는 얼마 후 다시 집에 돌아왔습니다. 하지만 당시 엄마로부터 받았던 상처는 돌이킬 수가 없었습니다. 고스란히 내면 깊숙이 잠복해 있다가 불쑥 자신이 받은 '버림'과 '배신'에 대해 반응하곤 했습니다.

나는 왜 심리상담사가 되었나

내가 왜 책 첫머리에 엄마로부터 받은 버림과 배신에 대한 이야기를 했을까요? 그것이 어쩌면 나를 심리상담사로 이끌었기 때문입니다. 내가 심리상담사가 된 것은 내 안에 풀어야 할 숙제가 많았던 것이겠지요.

또한, 내가 풀어낸 숙제들을 통해 남들이 조금 더 쉽게 갈 수 있도록 등불을 밝혀주고, 한 바가지의 마중물이 되어 우리를 힘들게 하며 발목을 잡는 미해결과제들을 함께 찾아보고 알아차리며 행동하게 하고 싶었기 때문입니다.

여기서 미해결과제는 자신이 의식하고 있는 욕구나 감정이 어떤 요소의 방해로 인해 해소되지 못한 것을 말합니다. 심리상담은 이러한 내면의 숙제들을 함께 풀어나가는 것이라 생각합니다.

내 안의 '은둔자'와 '고위 여사제'

내 평생카드를 곰곰이 들여다봅니다. 재미있게도 이 카드에서도 나의 심리상담사적 기질을 발견할 수 있습니다. 난 엄마가 45세에 낳은 늦둥이이기도 했지만 일란성 쌍둥이이기도 했습니다. 하지만 동생은 태어나 열흘 만에 운명을 달리했지요.

그래서인지 가끔은 내가 두 사람의 삶을 살고 있다는 느낌이 듭니다. 일란성 쌍둥이로 운명을 달리한 동생이 내 평생카드에 보이는 겁니다. 등불을 들고 어둠을 헤쳐나가는 '은둔자(The Hermit)'와 '고위 여사제(The High Priestess)'가 결합된 카드, 은둔과 직관의 결합이 바로 나였던 것이지요.

태어나면서 삶과 죽음을 달리한 일란성 쌍둥이처럼 빛과 어둠, 거짓과 진실, 이성과 직관, 무의식과 의식 사이에서 저울을 들고 이 세상을 관

고위 여사제
The High Priestess

은둔자
The Hermit

조하고 있는 것이 바로 삶과 죽음의 경계에 섰던 내 모습이었던 것입니다.

'고위 여사제'의 머리에 떠 있는 달은 보름달이고 그녀의 발아래서 빛나는 것은 초승달입니다. '고위 여사제'는 빛과 어둠, 이성과 직관 사이에서 끊임없이 기우는 달을 보며 팔에 두르고 있는 지혜의 서 '토라(Torah)'로 대변되는 삶의 지혜를 통찰하고 있습니다.

또한 '은둔자'는 사방이 깜깜한 설산 위에서 다윗의 지혜로 상징되는 등불을 들고 조심스럽게 한 발 한 발 내딛고 있습니다. '은둔자'는 타인보

정의
Justice

심판
Judgement

다는 자신의 내면을 들여다보는 일에 관심이 많은 사람입니다. 이렇게 나는, 한 눈으로는 대상을 관찰하고 다른 한 눈으로는 내면을 응시하는 특질을 타고났던 것이지요.

타로카드는 내게 심리상담의 새로운 길을 열어주었습니다. 해외에서 16년을 살았습니다. 힘들고 외로웠던 그때 타로를 만났고, 타로의 매력에 깊이 빠져 영적 성장에도 도움을 받았습니다. 한국에 돌아와서는 심리상담과 타로의 접목을 시도하게 되었습니다. 이상하게도 타로카드 속에서 나는 남들이 보지 못하는 것을 볼 수 있었고 그림이 지닌 의미 포착이나 영적 사유가 가능해진 것이지요.

　타로를 가르치고 상담하면서 감사하게도 나의 정신적, 심리적 크기
도 함께 성장했습니다. 어쩌면 그것은 내 안에 있던 '고위 여사제'와 '은둔
자'의 특성 때문이기도 합니다. 내 안의 사유력과 직관력이 심리상담을
통해 발현되는 것. 그것이 바로 타로를 통한 심리상담이었던 것이지요.
사실 남에게 들이대는 검보다 스스로에 대한 잣대가 엄격한 편인 내 성
격적 특질이 '정의(Justice)' 카드에도 잘 나타나고 있습니다.

　사유와 직관으로 얻은 상담 내용을 나는 11번 카드의 저울이 상징하
듯 객관적으로 진실하고 엄격하게 전달하려고 노력하는 편입니다. 20번
'심판(Judgement)' 카드 속 물속의 관에서 깨어나는 남성성과 여성성, 그
리고 내면 아이를 깨우는 것은 나와 우리를 말하고 있습니다. 카드와의
연결성에서 말해주듯이 트럼펫이 내가 되어 누군가를 일깨워주는 역할
은 이번 생에서 내가 맡아야 할 소명이기도 합니다.

)) ● ((

그림자를 쫓느라 화살집이 비고, 삶이 저물어 갑니다.
그림자를 쫓는 사냥에 삶이 흘러가는 것입니다.

잘랄 아드린 무하마드 루미

길 없는
길을 가다

상담시간이 좀 남아서 창가에 기대어 밖을 내다봅니다. 양화진 절두산 성지로 가는 골목이 길고 좁게 뻗어 있습니다. 양화진(楊花津)은 '버들꽃 나루'라는 뜻으로 예로부터 경치가 아름답기로 이름난 곳으로 중국의 사신을 비롯하여 많은 풍류객이 자주 머물던 곳입니다.

이곳은 큰 선박이 드나들 정도로 수심이 깊어 조선왕조의 국방의 요충지였으며, 많은 한국 역사와 선교 역사의 배경이 되었던 곳으로 가톨릭 성지 중의 한 곳입니다. 내 어린 시절에도 종종 가족들과 한강 나들이를 오기도 했던 추억의 장소이기도 합니다.

앞에는 한강이 흐르고 있어 외국인선교사묘원을 지나 절두산 성지를 산책하며 생각을 정리하기에는 최적의 장소이지요. 지금은 '자연심리 상담연구소'를 다른 곳으로 옮겼지만, 그 당시 3층에 연구소가 자리하고 있었다는 것은 내겐 커다란 행운이었습니다. 2층은 주로 문화공간으로 운영하고 1층은 카페로 제공하고 있었고요. 커피라도 한 잔 마실 심산으로 1층 카페 문을 막 밀려고 할 때였습니다.

"자연 소장님 좀 뵈러 왔는데요."

7살쯤 되어 보이는 소녀가 담요를 꼭 껴안은 채 엄마와 함께 카페 앞에 서 있습니다. 외부 강의가 많은 편이어서 상담은 예약을 통해 이루어지지만, 담요를 꼭 껴안은 아이의 모습을 보자 시간을 내야겠다는 생각이 들더군요. 다행히 다음 상담시간까지는 1시간 정도 여유가 있습니다. 나는 채 입에 대지도 못한 커피잔을 들고 다시 3층 상담실로 올라갑니다.

담요를 버리지 못하는 아이

그 여자아이는 상담실 의자에 앉아서도 담요를 꼭 껴안고 있습니다.
"곧 학교에 갈 나이인데 학교에도 저 담요를 껴안고 갈까 봐 걱정이에요."
그러면서 아이의 엄마는 아이를 일찍 어린이집에 맡겨서 그런 것인지도 모르겠다고 조심스럽게 말합니다.
아이 엄마의 걱정은 예상대로 아이가 담요에 집착하는 것에 관한 것이었습니다. 어린 시절부터 사용하던 담요에 집착하는 것에는 여러 이유가 있겠지요. 일찍 엄마와 떨어져 생긴 분리불안일 수도 있고 아니면 감각 기관이 발달하여 유독 촉각에 예민한 것일 수도 있겠지요. 간혹 감각 기관이 발달한 아이들은 특정한 물건에 집착하는 경우가 있기 때문입니다.

나는 아이의 마음 상태를 알아보기 위해 타로카드를 양손에 쥐고 섞습니다. 아이가 신기한 듯 쳐다봅니다. 나는 포커 카드를 섞듯 카드를 골고루 사이사이 섞습니다. 이 동작이 아이의 호기심을 자극했던 모양입니다. 처음에는 겁먹은 얼굴로 나를 쳐다보던 아이의 얼굴이 한껏 부드럽게

투 완즈
Two of Wands

풀어집니다. 타로카드는 상담하기에 매우 좋은 도구입니다. 내담자의 마음을 쉽게 열어주니까요. 나는 카드를 펼치고 아이에게 한 장 집어보라고 합니다.

아이가 선택한 카드는 '투 완즈(Two of Wands)' 카드인데요. 무슨 그림이 제일 먼저 보이니 하고 물으니 남자의 등 뒤에 있는 막대를 가리킵니다. 통상적으로 타로카드는 자신의 마음 상태에 따라 눈에 먼저 들어오는 그림이 다른 법인데 아이가 등 뒤에 있는 막대부터 보았다는 것은 그만큼 과거에 마음이 머무르고 있다는 의미일 것입니다.

카드 속 남자는 지금 새로운 길을 떠나려 합니다. 앞서 있는 지팡이와 뒤에 고정시켜 놓은 지팡이는 미래와 과거를 상징합니다. 상승과 안정사이에서 갈등하고 있는 것이지요. 떠나야 할지 말지를 고민하는 남자의 마음이, 아이의 마음과 같지 않을까요?

세 가지 '출발'의 모습

타로카드에서 세 가지의 '시작' 모습을 발견할 수 있습니다.

'투 완즈(Two of Wands)' 카드는 통과의례처럼 어쩔 수 없이 다가온 새로운 환경을 향해 나아가려는 선택을 의미합니다. 내담자인 아이처럼 유치원에서 초등학교로 입학하는 등의 수동적인 시작의 모습인데요. 그래서 출발에 대한 갈등과 불안한 모습을 보여주고 있습니다.

그에 반해 '쓰리 완즈(Three of Wands)' 카드는 첫 관문을 통과하고

투 완즈
Two of Wands

쓰리 완즈
Three of Wands

바보
The Fool

다음 단계로 가기 위한 새로운 출발입니다. 그래서 이 출발은 더 넓은 세계로 나가보겠다는 개인적 의지가 강하게 작용하고 있지요. 보세요. 굳게 쥐고 있는 지팡이를요. 의지의 다짐이고 열정의 표현입니다.

살면서 우리는 다양한 이유로 여러 번의 출발 선상에 서야 합니다. 갈등과 대립 속에서 또는 더 많은 이력을 쌓기 위해서 등등. 그런데 메이저 0번 '바보(The Fool)' 카드는 시작에 대한 '자세'를 보여주고 있다는 점에서 매우 흥미롭습니다.

먼저 0번 '바보' 카드는 막 여행을 떠나는 모습인데요. 봇짐 하나 달랑 메고 콧노래를 부르며 걸어가는 바보의 모습과는 달리 주변은 온통 위험이 도사리고 있습니다. 옆으로는 아직 눈으로 덮여 있는 산이 있고 발밑은 천 길 낭떠러지입니다. 미지의 출발이라는 점에서 시작은 늘 위험을 내포하고 있겠지요. 하지만 바보는 가볍게 발걸음을 떼고 있습니다.

여기서 바보는 말합니다. 시작이란 길이 없는 길을 가는 것이라고요. 낭떠러지가 곧 끊어진 길이 아니던가요. 시작이란 잘 닦인 길을 가는 것이 아니라 바로 길이 없는 길을 가는 것이라고요. 그러나 두려워하지 말고 한 발 한 발 내디뎌 보라고요. 바보의 '겁 없음'이 시작 선상에서 필요한 용기이며 곧 그것이 새로운 세계에 대한 도전의 자세라고 말입니다.

이별이란 성장의 기회

아이는 어쩌면 엄마의 품에서 벗어나 최초로 제도권에 발을 내딛는 셈인데요. 엄마와 세상 사이에서 아이가 불안감을 느끼는 것은 당연합니다. 그래서 엄마를 대신할 대용물을 필요로 하게 되는 것이고요. 정신분석학자 도널드 위니컷(Donald Winnicott)은 이러한 애착대상의 대체물을 '중간대상'이라고 부릅니다.

중간대상은, 양육자와의 공생관계에서 벗어나 자기로 분리되는 과정에 따른 온갖 두려움과 심적 고통을 위로해 주는 기능을 담당하기도 하고, 공생과 독립 사이의 완만한 교두보가 되어준다는 것을 의미합니다.

특히 촉각이 발달한 아이의 경우 담요나 베개, 인형 등에 집착을 하는데요. 이런 경우 백 마디 말보다 자주 따뜻하게 안아주는 것이 중요합니다. 촉각으로 엄마가 날 정말 사랑하는구나 하고 느끼게 해주는 것이지요. 편안하고 안락한 기분을 다른 촉각들을 통해 경험하게 하면 더 이상 담요에 집착하지 않을 수 있을 것입니다.

이별은 사람뿐만 아니라 동물, 장소, 심지어 나의 신념이나 가치관도 그 대상이 될 수 있습니다. 편안하고 익숙한 아이의 무언가는 아이를 안전하게 지켜주는 울타리와 같은 역할을 하게 됩니다.

이후 아이가 어느 정도 성장한다면 울타리 밖으로 나가서 더 큰 세상을 마주해야 합니다. 하지만 두렵고 용기가 나지 않아 울타리 안에만 있게 된다면, 아이에게 안전을 제공하던 울타리는 오히려 성장을 방해하는 답답한 감옥과도 같은 역할로 바뀌게 됩니다.

그렇습니다. 엄마라는 울타리와 영원히 함께할 순 없는 것이지요. 탯줄을 끊고 나오면서 엄마와의 결별은 시작됩니다. 자신의 폐로 숨을 들이쉼과 동시에 홀로서기가 시작된 것이지요. 살아간다는 것은 그렇게 이별의 연속입니다. 또한, 시작의 연속이기도 합니다.

몸이 자라 작아진 옷과 이별하고 조금 더 큰 새로운 옷을 입어야 하는 것처럼 우리는 매일 조금씩 이별하고 조금씩 출발합니다. 유치원을 졸업하면 초등학교에 입학해야 합니다. 결혼하면 부모의 집을 떠나 새로운 집을 세워야 합니다.

이렇게 이별 속에서 우리는 몸과 마음이 성장하면서 주체적인 인간이 되는 것이지요. 아이에게 이별이란 성장의 기회이기도 합니다. 이제 아이의 손에 희망의 지구본과 앞으로 나갈 수 있는 용기라는 새로운 지팡이를 쥐어줘야 할 때입니다.

인생에서 '의미 있는 누구'를 만나 교정적인 관계를 경험하고 자기성찰과 자기친절의 훈련을 통해 내 자신에게 '내면의 벗'이 되어준다면 우리는 자신의 애착유형을 바꿔 갈 수 있습니다.

메이비 세대를
위하여!

　　그녀는 상담실에 들어서자마자 미치겠다고 털어놓습니다. 아이가, 초등학교 6학년이나 됐는데도 아침마다 학교 갈 때 묻는다는 것입니다. 엄마, 무슨 옷 입어요? 그러면 제가 빨래 개어 놓은 곳을 가리키지요. 그러면 또 묻는 거예요. 바지는요? 양말은요? 신발은요? 그냥 하면 될 일을 시시콜콜 묻는다는 것입니다.

　　심지어는 학교에서도 수시로 전화해 이것저것 결정 내려주기를 기다린다는 것입니다. 그러면서 그녀는 긴 한숨을 내쉬더니 혼잣말처럼 중얼거립니다. 어릴 땐 너무나 말 잘 듣고 착한 아이였는데 왜 그러는지 모르겠다고요.

난 엄마 아빠의 아바타가 아니에요

이런 경우는 부모가 그 문제의 제공자일 수 있습니다. 엄마와 아이 둘 다 탯줄만 끊었다 뿐이지 제대로 '분리'가 되지 않은 경우이지요. 아이는 세상에 태어나자마자 자신의 폐로 숨을 쉬고 자신의 입으로 젖을 삼켜야 합니다. 홀로서기가 시작된 것이지요. 그래야만 온전히 독립적인 생명체로 성장할 수 있습니다.

그런데 부모가 아이를 아직도 자신 배 속의 아기쯤으로 생각하고 보이지 않는 탯줄로 영양을 과잉 공급하고 있을지도 모른다는 생각이 들었습니다.

예상대로 이야기를 나눌수록 아이가 부모로부터의 홀로서기 과정에서 의지를 접은 듯했습니다. 아마도 혼자 무언가를 해보려고 시도한 때가 있었겠지요.

엄마가 떠먹여 주는 음식을 혼자 스스로 먹겠다고 했다가 국물을 쏟아 본 적도 있을 것이고요. 그러나 지나치게 엄격한 아빠는 실수를 용납하지 못했을 테고 엄마는 사사건건 개입을 했겠지요. 아마도 자주 야단을 맞았을 것입니다. 그런 엄마나 아빠가 아이에겐 두려움의 대상이었을 것입니다. 그래서 일찌감치 아이는 부모에게 맞서기보다는 그 권위에 굴종하는 것으로 타협을 본 것이지요.

잘 생각해보세요. 부모는 자신들도 모르게 아이의 기쁨을 차단한 것입니다. 몇 번 무릎이 까지긴 했지만 처음 두 발 자전거가 앞으로 나갔을 때의 그 짜릿함을, 낯선 곳에 혼자 내렸을 때의 그 팽팽한 긴장감을, 혼자서 걷고 물으며 집으로 돌아왔을 때의 그 뿌듯함을 차단해버린 것입니다.

아이는 스스로 무엇을 생각하고 결정하기보다는 엄마 아빠의 지시를 그대로 따릅니다. 그러면 적어도 야단은 맞지 않으니까요. 점차 그것이 편해지면서 어느 순간부터는 스스로 무언가 결정하는 것에 대해 두려움마저 갖게 되는 것이지요.

특히 소위 성공한 부모들 밑에서 자란 아이들에게서 이런 유형을 많이 발견할 수 있습니다. 부모는 자신의 성공 경험에 비추어 아이에게 자신의 욕심을 투영하고 강요합니다. 아이가 기대치에 어긋날수록 더욱 강압적이고 엄격해지는 것이지요. 사실 부모의 이런 태도는 어제오늘 일이 아닙니다.

역사적으로 보면 비극의 주인공 영조와 사도세자가 이런 유형의 관계일 테지요. 영조는 사도세자를 자신의 대를 이을 정치적 후계자로 보았기에 그토록 마음에 들지 않았던 것이고, 그 기대치에 어긋날수록 엄격하고 냉혹해졌던 것이지요. 만일 영조가 왕이 아니었다면 과연 사도세자를 뒤주에 가둬 죽이는 비극이 일어났을까요? 후계자가 아닌 그저 평범한 아들로만 보았다면 과연 그리 미워했을까요?

아이는 자라서 사람들과의 대립을 피하기 위해 자기주장을 잘 하지 않는 어른으로 성장하거나 아니면 예스맨처럼 알아서 기거나, 지나치게 의존적인 인간으로 성장할 가능성이 큽니다.

내가 만든 감옥

아이의 마음을 나타내는 '에이트 소드(Eight of Swords)' 카드입니다. 멀리 보이는 성은 아버지의 권위를 상징합니다. 그런데 성 앞에서 여자는 눈을 가린 채, 손발도 묶인 채 서 있네요. 그녀를 둘러싸고 있는 '검'이 그

에이트 소드
Eight of Swords

녀의 감옥입니다. 여기서 검이란 그녀에게 고민을 상징하게 되겠지요. 다행히 그녀의 손과 발은 느슨하게 묶여 있습니다. 의지만 있다면 얼마든지 풀 수 있을 정도로요.

여기서 의지가 중요합니다. 스스로 풀겠다는 의지 말입니다. 그것이 감옥으로부터 탈출의 시작입니다. 손발을 풀고 스스로 안대도 빼버려야 합니다. 어쩌면 그 감옥은 내가 내 의지를 버려서 생긴 감옥일 수 있기 때문입니다.

아이 엄마는 아이와 함께 다시 한번 방문하겠다는 말을 남기며 의자에서 일어섭니다. 나는 그녀가 나갈 수 있도록 상담실 문을 열어주며 혼자 생각에 잠깁니다.

최근 '헬리콥터 부모'라는 말이 생겼다고 합니다. 부모가 자녀의 주변에 머무르면서 온갖 일을 대신해준다는 의미인데요. 저출산의 시대에 태어나 부모의 과잉보호를 받은 아이들이 이끌어 갈 우리의 미래는 과연 어떤 모습일지 심히 걱정이 앞섭니다.

저, 아무래도 결정장애인가 봐요

『결정장애 세대』라는 책에서 올리버 예게스(Oliver Jeges)는 1980년도 이후에 태어난 젊은이들이 공통적으로 결정을 미루는 증상이 있다며 '메이비(Maybe) 세대'라고 칭합니다. 우리 앞에는 이제까지의 그 어떤 시대보다 더 많은 옵션들이 놓여 있고, 우리는 사상 최대의 과잉 기회와 씨름하고 있습니다.

그래서인지 내게 상담을 받는 친구들도 자주 그런 말을 합니다. '제가 아무래도 결정장애인가 봐요'라고 말입니다. 넘쳐나는 지식과 물질문명, 너무도 빠르게 변하는 세상 속에서 순간순간 결정해야 할 일들이 밀려오고 그러면서 '결정장애'까진 아니더라도 자꾸 결정을 주저하고 기피하는 현상이 만연해가고 있는 것은 사실입니다.

이런 세태를 반영하듯 요즘 젊은이들 사이에는 무언가를 대신 결정해주는 스마트 앱이 유행하고 있다고 합니다. 점심 메뉴를 고를 때 사용하는 앱부터 '이거 살지 말지', '여기 갈지 말지' 등을 골라준다는 것입니

세븐 컵
Seven of Cups

다. 이름도 다양합니다. '골라줘', '결정의 신', '복불복 행운의 럭키휠' 등 자신의 결정권을 이렇게 우연에 넘겨버리는 것이지요.

'세븐 컵(Seven of Cups)' 카드입니다. 한 남자가 7개의 컵을 바라보며 당황하고 있는 모습이 역력합니다. 무엇을 고를지 혼란에 빠져 있는 듯한데요. 올바른 선택이 필요할 때, 혼란스러운 감정일 때 주로 나타나는 카드입니다. 카드에서 남자가 검은 그림자로 나타난 것은 주체성이 없음을 뜻하거나, 또는 자신의 그림자를 의미합니다.

욕심이 너무 많거나 내가 원하는 것이 무엇인지 알지 못할 때 우리는 쉽게 선택을 하지 못합니다. 그러나 가만히 들여다보면 결정장애의 핵심은 역시 불안입니다. 결정한 결과의 책임에 대한 두려움이고 후회에 대한 두려움이지요.

심리학자 프로이트는 마음속에서 갈등이 일어날 때, 이 갈등을 조율하는 자아가 그 역할을 하지 못할 때 불안이 발생한다고 보았습니다. 물론 자아가 그 기능을 제대로 수행하지 못하는 탓도 있을 것입니다. 그러나 요즘 젊은이들에게는 너무나 많은 선택지와 기회, 그리고 불확실한 미래가 오히려 부담을 가중시킨 것 같습니다.

우리의 뇌는 많은 선택지 중에서 하나를 선택해야 하는 상황이 오면 결정하는 데 어려움을 겪는다고 합니다. 많은 선택지 중에 최고의 선택만을 하려다 보니 결정하는 게 어려워지고 시간은 다 흘러가게 되는 것이지요. 이를 '선택 과부화(choice overload)'라고 합니다.

저출산 시대에 태어나 부모의 과잉보호를 받고 자란 풍요의 세대. 그러나 그들은 풍요 속에서 오히려 길을 잃은 세대이기도 합니다.

이들로 인해 최근 심리학에서는 '지연 행동(procrastination)'이란 개념도 등장했는데요. 이는 쉽게 말해 '미루는 버릇'을 의미합니다. 그럴수록 스스로가 주인공이 되는 주체성이 필요합니다. 설사 다른 사람에게 주인공이 되진 못할지라도 나 자신에게만은 내가 주인공이 되어야 하지 않을까요?

그것이 이 세상에 단 하나밖에 없는 나의 존재 이유입니다. 언제나 옳은 결정은 없습니다. 중요한 것은 선택이 어렵더라도 결과와 상관없이 스스로를 믿어주는 것이지요. 그러기 위해서 우리 부모는 어린 시절부터 결정권을 아이에게 넘겨주는 연습을 해야만 합니다. 스스로가 자신의 삶에서 주인공이 될 수 있도록 말입니다.

스킨십은
사랑의 묘약?

인터넷에서 인큐베이터 속에 나란히 누워 있는 쌍둥이 아기 사진을 본 적이 있습니다. 한 아기가 다른 아기의 목을 감싸고 있는 모습이었는데요. 건강한 형이 죽어가던 동생을 안아주자 심장박동이 다시 정상으로 회복되며 살아났다는 것입니다. 태지가 채 벗겨지지 않은 쭈글쭈글한 팔로 동생의 목을 꺼안아 주는 모습은 비록 한 장의 사진이었지만 마음이 뜨거워지기엔 충분했습니다.

접촉이란 무엇일까요? 살과 살이 맞닿았을 뿐인데 어떻게 스러져가던 심장박동이 다시 살아난다는 것일까요? 뇌심리학자들에 따르면 접촉은 엔도르핀과 옥시토신을 분비시켜 행복하고 안정된 기분을 준다고 합니다. 우리 상처를 회복시켜 주고 상처로부터 보호해주는 면역력을 내재화시켜 준다는 것입니다.

몇 년 전 지하철역에서 술에 취해 난동을 부려서 경찰도 제지하는데 어려움을 겪었던 사건이 있었습니다. 놀랍게도 이 사건을 해결했던 것은 무력이나 법이 아닌 한 청년의 용기 있는 따뜻한 포용이었습니다.

청년이 난동꾼을 안아주며 토닥토닥하자 난동꾼은 고개를 숙이고 한참을 울먹이다가 진정하며 잘 마무리된 사건이었지요. 이 사건은 뉴스와 여러 SNS를 타고 많은 사람을 감동하게 만들었습니다. 이처럼 우리는 힘든 상황에 어떤 정답이나 해결책이 아닌 따뜻한 접촉이 필요했는지도 모릅니다.

헝겊 엄마 vs. 철사 엄마

우리에게 최초의 접촉 대상은 엄마입니다. 그래서 많은 이들이 엄마를 떠올리면 따뜻한 감촉도 함께 살아나는 것인지도 모릅니다. 심리학 측면에서도 엄마와의 접촉은 매우 중요합니다. 엄마와의 따뜻한 접촉이야말로 정서적, 인지적, 사회적 발달에 절대적인 영향을 끼치기 때문입니다.

이를 증명하는 유명한 실험이 있지요. 위스콘신 대학의 해리 할로우(Harry Harlow) 박사는 새끼원숭이들에게 '헝겊'으로 만든 엄마와 '철사'로 만든 엄마를 제공하고 그 반응을 살펴보았습니다. '철사' 엄마는 특별히 가슴에 우유병도 달아 주었습니다.

그런데 처음에는 가슴에 우유병을 달고 있는 '철사' 엄마에게로 새끼원숭이들이 몰리는 것 같더니, 대부분 부드러운 촉감의 '헝겊' 엄마에게 머물더라는 것입니다. '헝겊' 엄마는 가슴에 우유병도 없는데 말입니다. 심지어 어떤 원숭이는 배가 고플 때는 '철사' 엄마의 젖병을 빨면서도 다리는 '헝겊' 엄마에게 걸치고 있기도 했다는 것입니다.

이런 현상을 '접촉 위안'이라고 합니다. 젖병을 갖고 있던 '철사' 엄마를 치울 때는 별로 반응이 없던 원숭이들이 '헝겊' 엄마를 치우려고 하자 비명을 지르며 거부했다는데요. 먹는다는 가장 본능적인 것보다 더 중요한 것이 있다는 의미이겠지요.

사실 스킨십만큼 좋은 교육은 없습니다. 어릴 적 충분한 스킨십은 자아 확신감을 심어주며 안정적인 정서로 자기 주도적인 삶을 살 수 있도록 이끌어줍니다. 아이의 성장 과정은 스킨십을 통해 이루어진다고 해도 과언이 아닙니다. 낯선 물건을 만져보고 두드려보며 모양이나 물건의 구조 등을 익히는 것부터 다른 사람들과의 스킨십을 통해 더 넓은 세상 사람과 교류를 시작하는 것까지 말입니다. 4살까지 인간의 뇌는 대부분 발달하게 되는데요. 어릴 적 스킨십이야말로 평생의 밑거름이 되는 좋은 자양분인 셈이지요.

예를 하나 더 들어볼까요? 마가렛 미드(Margaret Mead)의 비교연구에 대한 내용인데요. 뉴기니아의 '아라페시 족'과 '문두구머 족'을 비교한 이야기입니다. 아라페시 족 엄마들은 아기를 작은 그물 모양의 가방에 넣어 안고 다닙니다. 아이가 원할 때 언제든 젖을 먹일 수 있게요. 젖을 먹일 때도 앉아서 충분한 시간을 갖습니다. 아기가 젖을 먹는 동안에도 몸이나 귀를 어루만져 주면서 지속적으로 접촉을 하고요.

그런데 문두구머 족은 아기를 넣은 바구니를 등 뒤에 매달고 다닙니다. 그러다 보니 아기는 엄마의 등 모습만 볼 밖에요. 젖을 먹일 때도 서서 한쪽 팔로 안고 먹이다 보니 금세 팔이 아파 서둘러 젖 먹이기를 끝낸다는 것입니다. 같은 뉴기니아에 사는 종족임에도 이들의 성향은 너무도 다른 것으로 유명한데요. 아라페시 족은 따뜻하고 평화를 좋아하는 반면 문두구머 족은 공격적이고 싸움을 좋아한다는 것이지요.

그래서 스킨십을 중요하게 여기는 사람들은 진정한 평화는 거창한 교육 프로그램을 통해서 이루어지는 것이 아니라 오히려 아이들을 따뜻하게 안아주는 어른들의 작은 손길에서 시작된다고도 말할 정도니까요. 스킨십이 부족하게 자란 어른일지라도, 과거로만 탓을 돌릴 수는 없습니다.

스킨십이 부족한 아이

아이가 오랫동안 손가락을 빨았다는 것은 분명 애정이 담긴 스킨십에 대한 욕구불만 때문일 것입니다. 그러나 청소년기의 특징 중 하나가 공격적이고 충동적이라는 것도 이해해야 합니다. 겉모습은 성인에 가깝지만 뇌는 아직 아동기 수준의 영역을 보유하고 있기 때문인데요. 감정통제를 담당하는 전두엽이 아직 성장 중이라서 감정통제가 미숙한 것이지요.

게다가 공격성 호르몬이라고 하는 테스토스테론의 분비량이 폭발적으로 증가하는 시기이기 때문에 언제든 감정이 폭발할 준비가 되어 있다고 보면 됩니다. 상황에 대한 이해나 판단 없이 즉각적으로 반응하고 폭발하는 것에는 바로 이런 생물학적인 이유도 있습니다.

사막을 건너는 법

내담자를 위해 나는 '지팡이의 시종(Page of Wands)' 카드를 꺼내 들었습니다. 『타로로 묻고 인문학이 답하다』에서는 이 청년을 막 돋아나기

지팡이의 시종
Page of Wands

시작한 새싹이며 겨울잠에서 막 깨어난 도마뱀으로 비유했었지요. 청년이 들고 있는 막대나 옷은 청년의 무한한 성장 잠재력과 생명력을 뜻합니다. 도마뱀은 위기의 순간 자신의 꼬리를 자르고 달아나지요. 그만큼 재생력이 뛰어남을 의미합니다.

질풍노도인 청년에겐 막 싹이 돋아난 새싹 같은 생명력과 도마뱀처럼 무한한 잠재력이 있지만, 그가 반드시 통과해야 할 사막이 기다리고 있습니다. 청년의 뒤를 보세요. 풀 한 포기 없는 사막이 기다리고 있습니다. 그곳을 건너는 것이 그의 '성인식'입니다. 내담자의 자녀는 지금 이글거리는 사막에 서 있는 것입니다.

전두엽이 아직 미성숙해 감정통제가 잘되지 않는 아이의 마음이 아마도 이런 모습일 것입니다. '검의 기사(Knight of Swords)' 카드에서는 통제가 잘되지 않는 그의 감정을 구름마저 갈라질 정도의 저돌적인 모습으로 표현하고 있습니다. 마치 젠 타로의 '싸움(Fighting)' 카드를 연상하게 합니다.

붉게 충혈된 눈에 꽉 쥔 주먹. 단단한 갑옷으로 무장한 채, 마치 건들면 다 죽이겠다는 표정입니다. 언제고 폭발할 준비가 되어 있어 보입니다. 마치 테스토스테론의 분비량이 폭발적으로 증가한 10대의 뇌 모습 같네요. 이렇게 단단하게 방어하면 자신을 지킬 수 있을 것 같지만 사실 그가

검의 기사
Knight of Swords

싸움
Fighting

받은 상처는 그 단단한 갑옷으로 인해 오히려 치유의 기회를 잃고 있다는 것을요. 그것을 알면 성인이 될까요?

고슴도치의 가시는 사실 방어용이지만 모두들 공격용으로 알잖아요. 그래서 외로워진 것이고요. 이럴 경우 자녀와 솔직하게 대화를 하는 것이 좋습니다. 공격적이고 충동적일 수 있다는 것. 그것은 성장 과정 중의 하나이고, 전두엽이 발달하는 과정이라는 사실을 이해해야 합니다.

아이가 갑옷을 벗는 계기를 마련하거나 기다려주는 것이 부모의 역할이겠지요. 낙타는 물 없이 3일 동안 300킬로미터를 걸을 수 있다고 하지요. 그럴 수 있는 이유 중 하나가 바로 등에 있는 혹 때문입니다. 여기에 물을 저장해두기 때문입니다. 어쩌면 성장기 아이에게 스킨십이란 낙타 등 위의 혹과 같은 것인지도 모릅니다. 사막을 건널 수 있는 힘이 되어줄 테니까요.

자존감과 자존심
사이에 놓인 마차

요즘 유행하는 말 중의 하나가 '이생망'이라지요. 이번 생에서 나는 망했다는…. 흙수저라는 말과 맥을 같이 하는 유행어 같습니다. 자조적이고 패배적인 정서에 푹 젖어 있는 이런 말이 왜 유행하는 것일까요? 특히 이 은어가 10대와 20대 사이에서 유행한다네요.

9~24세의 청소년 사망 원인 중 '자살' 비율이 가장 높다고 합니다. 병사도 사고사도 아닌 '고의적 죽음'이 가장 많다는 것이지요. OECD 36개 회원국 중에서 우리나라 학생들의 행복지수는 거의 꼴찌에 가까운 20위입니다. 어쩌다 우리의 꿈나무인 청소년들이 이렇게 불행해진 것일까요?

꿈과 희망 사이에서

청소년 하면 떠오르는 타로카드가 있습니다. '시종(Page)' 카드들에 나오는 인물들은 10대 후반에서 20대 초반의 청년들인데요. 잠재된 에너지와 성장 가능성을 상징합니다. 원소별로 청년들이 등장해서 무언가를 '응시'하고 있는데요.

'지팡이의 시종(Page of Wands)' 카드에서는 막 돋아나고 있는 지팡이의 새싹을, '컵의 시종(Page of Cups)' 카드는 컵 속에서 막 뛰어오르는 잉어를, '검의 시종(Page of Swords)' 카드에서는 바람의 방향을 응시하고 있네요. '펜타클의 시종(Page of Pentacles)' 카드에서는 그나마 신중하게 펜

지팡이의 시종
Page of Wands

컵의 시종
Page of Cups

검의 시종	펜타클의 시종
Page of Swords	Page of Pentacles

타클을 들여다보고 있습니다.

　자신의 가능성을 파악하기 위해서는 먼저 자신이 보유하고 있는 것들을 잘 알아야 하지요. 아는 게 시작입니다. 그래서 '시종' 카드의 청년들은 자신이 보유하고 있는 4원소의 특징을 뚫어지게 응시하고 있는 것이지요.

　조금 더 구체적으로 청소년기의 특징을 보여주는 것은 '전차(The Chariot)' 카드일 것입니다. 메이저 타로카드는 총 22장으로 구성되어 인생을 3단계로 보여주고 있는데요. 1번부터 7번까지의 카드는 인생 초반에서 청년기를, 8번부터 14번까지의 카드는 중년기를, 15번부터 21번까지의 카드는 인생의 장년기를 의미합니다. 그중 7번 '전차' 카드가 지금 청소년기에 해당하는 카드입니다.

타로카드에서 청소년기는 검은 스핑크스와 흰 스핑크스가 상징하듯 두 개의 서로 각기 다른 힘과 욕망이 충돌하는 나이로 그려지고 있습니다. 꿈과 현실, 이성과 감성, 정신과 육체, 선과 악…. 흑백의 두 스핑크스가 서로 다른 곳을 보고 있습니다.

전차
The Chariot

마차가 앞으로 나아가기 위해서는 흑백의 스핑크스가 한 방향을 보며 서로 속도를 맞춰야 합니다. 어느 한쪽이 빠르거나, 다른 한쪽이 뒤처지면 마차는 비틀거리며 앞으로 나갈 수 없을 것입니다. 심지어 속도 차가 많으면 전복될 수도 있습니다. 그래서 흔히 청소년기를 '질풍노도의 시기'라고도 하는 것입니다.

청소년기란 두 개의 스핑크스가 상징하듯 상반되는 두 개의 힘을 조율하며 세상으로 나가는 시기입니다. 마차란 나를 세상으로 이동시켜 줄 도구이지요. 그것은 공부일 수도 있고 꿈일 수도 있습니다. 서로 다른 욕망을 잘 통제하지 않으면 마차는 결코 나갈 수가 없습니다. 그래서인지 카드에서 마차는 아직 달리고 있지 않네요.

자존감과 자존심은 다르다

양어깨에 있는 달 안의 한쪽 얼굴은 소극적인 데 반해 다른 한쪽 얼굴은 조금 적극적으로 보이지 않나요? 타로를 이용해 심리상담을 주로 하고 있는 나는 조금 다르게 보고 싶네요. 밖으로 솟은 얼굴은 '자존심'이고 속으로 숨은 얼굴은 '자존감'이라고 말입니다.

아직 완전한 성인이 되지 않은 청소년기는 자존감과 자존심 사이에서 방황하는 나이입니다. 자신을 사랑하는 방법에 따라 그것이 자존감이 되기도 하고 자존심이 되기도 하는데요. 자존감이 스스로를 귀하게 여기는 마음이라면 자존심은 외부 환경으로부터 자신을 지키려는 마음입니다. 자존감이 내 안으로 시선을 돌린 것에 반해 자존심은 타인의 시선을 의식한 것인데요.

현대는 나를 만나는 시간보다 타인을 만나는 시간이 더 많습니다. 타인에게 비쳐진 내 모습을 통해 나를 보는 것이지요. 모든 것을 평가받는 시대, 모든 것이 경쟁인 시대에 자신을 정립하지 못한 청소년들은 아마도 타인의 시선에 비쳐진 내 모습을 통해 자신을 확인하다 보니 자존심에 상처받을 일이 더 많을 것입니다. 그럴수록 자존감에 대한 교육이 필요합니다. 자존감은 나무로 치면 든든한 뿌리에 해당하기 때문입니다.

세상에 대해 질문하니

자존감과 자존심은 교육을 통해서 조율할 수 있습니다. 『타로로 묻고 인문학이 답하다』에서 타로 22장을 바보의 여행으로 설명한 바 있습니다. 즉, 모태라는 동굴에서 나온 바보는 내 안에 내재된 '마법사'와 '고위 여사제'의 힘을 확인하고 '여황제'와 '황제'를 통해 모성과 부성을 습득합니다. 그리고 비로소 '신비사제(The Hierophant)' 카드에서 나 이외의 세상에 대한 질문을 하게 되는데요. 그것이 어쩌면 진정한 교육의 시작인지도 모릅니다.

'신비사제' 카드에서 사제는 오른 손가락으로 하늘을 가리키고 왼손으로는 십자가를 들고 있습니다. 그가 앉아 있는 의자에는 엇갈린 두 개

신비사제
The Hierophant

의 열쇠가 그려져 있는데요. 카드의 분위기로 보아 두 명의 사제가 교황에게 무언가를 질문하고 있는 듯합니다. 여기서 교황이 할 일은 균형감있는 대답이지요. 그것이 바로 교육의 역할입니다. 특히 자존감을 심어주는 것이 중요합니다. 자존감은 곧 '마음의 면역력'이니까요.

이어령 교수가 한 텔레비전 프로에서 한 말이 인상적입니다.

"학생들을 100미터 직선거리에서 뛰게 하면 모두가 경쟁으로 치달아 1등 이외의 학생들은 모두가 자괴감에 빠지게 됩니다. 하지만 학생들을 원으로 둘러서게 해서 바깥 큰 원을 향해 뛰게 한다면 모두가 1등을 하므로 자존감이 더 높은 생활을 할 수 있다고요."

자존감과 자존심 사이에서 상처 입고 있는 청소년들. 이들의 상처가 혹 어른들이 만들어낸 물질만능주의와 경쟁 구도 때문은 아닌지 한 번 돌아볼 일입니다.

엄마와 딸의
거리

지방에서 강의를 마치고 KTX를 기다리고 있습니다. 끝없이 이어진 선로를 보고 있자니 문득 그런 생각이 들더군요. 기차가 달릴 수 있는 것은 평행선을 유지하고 있는 저 선로의 간격 때문이라고. 만일 선로가 좁아지거나 간격이 일정치 않다면 기차는 탈선하고 말 것입니다.

선로가 교차하는 지점에서도 선로는 저 평행선의 간격을 유지합니다. 평행선의 간격이 우리를 목적지까지 안전하게 데려다주는 것이지요. 그러면서 '사람과 사람 사이에도 저런 거리가 필요하겠구나' 하고 생각했습니다. 엄마와의 거리, 남편과의 거리, 친구와의 거리, 애인과의 거리. 좋은 관계를 유지한다는 것은 결국 그와 나 사이에 적절한 거리를 잘 유지한다는 의미가 아닐까요.

딸아이 때문에 속상해요

며칠 전 교사연수에서 나의 타로 강의를 들었다는 40대 중반의 교사가 찾아왔습니다. 몹시도 피곤해 보였습니다. 앉자마자 한숨을 길게 내쉬는 그녀를 보며 나는 그녀가 왜 찾아왔을까 타로카드를 슬쩍 들춰보았습니다. 몇 번을 섞으며 보아도 그녀는 지금 누군가와의 관계 때문에 고민하고 있는 듯했습니다.

"왜 이리 관계 때문에 아파하고 계세요?"

카드에서 정보를 얻고 나도 모르게 나온 말이었습니다. 그러자 정곡을 찔렸다는 듯 움찔하더니 그녀가 갑자기 눈물을 흘리기 시작했습니다. 싱글맘인 그녀는 한참을 울고 나서야 속마음을 털어놓았습니다. 그녀에게는 고2 딸이 있는데 그 아이 때문에 몹시 속상하다는 것이었습니다.

학교생활에 적응하지 못해서 자퇴를 하겠다는 아이. 말려도 듣지 않을 것을 알지만 엄마로서 또 교사로서 자퇴를 받아들이기가 힘들다고 솔직히 털어놓더군요. 혼자 힘들게 아이를 키워온 것도 서럽고, 자신이 아이를 잘못 키운 것만 같고, 그럴수록 이혼한 남편에 대한 분노와 원망의 감정이 자꾸 되살아난다는 것이었습니다.

왼쪽 카드가 엄마이고 오른쪽 카드가 딸입니다. 역시나 엄마는 검은 옷을 입고 고개를 숙이고 있습니다. 발밑의 쓰러진 컵이 상징하듯 자신

파이브 컵
Five of Cups

텐 완즈
Ten of Wands

절계
Temperance

이 잘못 살아왔다는 회한과 죄책감에 휩싸여 있네요. 한때는 행복한 적
도 있었지만, 교육 문제로 갈등이 심하다는 것도 알 수 있습니다.

　그러나 걱정하지 말라고 타로카드는 말하고 있습니다. 무거운 짐을
너무 혼자 지려 하지 말라고, 엄마의 걱정과는 달리 딸은 현실과 이상 사
이에서 균형을 잡으며 잘 극복해간다는 것을 보여주고 있습니다.

　타로는 인생 전반의 이야기를 그림으로 보여주며 상징으로 이야기합
니다. 삶의 실존을 쉽게 풀어서 보여주어 자기 이해를 돕는 것이지요. 특
히 타로는 '지금 현재'에 초점을 맞춥니다. 심리이론 중 게슈탈트(gestalt)
라는 이론이 있는데요. 게슈탈트는 '지금-여기(Here and Now)'에서 경험

되는 욕구나 감정 등을 알아차리고 이를 환경과의 접촉을 통해 해소하는 것을 말합니다.

이해하기 쉽게 예시를 들어볼까요?

회사에서 일하고 있는 여러분을 상상해봅시다. 일하다가 목이 마르다는 생각을 하고, 휴게실로 가서 물을 벌컥벌컥 마십니다. 그렇게 갈증이 해소됩니다. 여기서 우리가 현재 목이 마르다는 것을 알아차리지 못한다면 어떻게 될까요?

갈증이 해소되지 않은 채로 우리에게 영향을 주게 됩니다. 이를 게슈탈트에선 '미해결과제'라고 합니다. 따라서 우리는 '지금-여기'의 게슈탈트를 잘 알아차려야 합니다.

나는 '지금-여기'가 명확해지도록 타로와 상담을 접목해서 문제를 읽어내고 해결하는 것을 즐깁니다. 누구나 타로를 할 수는 있습니다. 그러나 타로 상담은 아무나 할 수 없지요. 그게 타로 점과 타로 상담의 차이입니다.

자신 속에 있는 문제를 아프지만 과감하게 *끄*집어내 앞으로 나아갈 수 있게 하는 것. 이것을 도와주는 것이 심리학이듯이 타로카드 속의 그림을 활용하여 자기 스스로 알아차릴 수 있도록 도와주고 한 계단씩이라도 천천히 변화를 이끌어내는 것이 타로 상담이 주는 선물입니다.

개인 거리

부모란 인내의 다른 이름이 아닐까요? 가까운 사이일수록 그 가까움 때문에 기대하는 것들이 많아집니다. 하물며 자신의 몸에서 난 자식에게는 더하겠지요. 이 세상에서 가장 가까워야 할 부모와 자식 사이가 그 기대감 때문에 심리적 거리는 더 멀어지고 있는 것입니다.

'개인 거리'라는 말 들어보셨지요? '개체 거리'라고도 하는데요. 서로 같은 종류의 개체들이 서로를 침범하지 않는 최소한의 거리를 뜻합니다. 아무렇게나 피어 있는 것처럼 보이는 저 개망초꽃도 사실은 일정 거리를 유지하면서 피어 있다는 것이지요. 보이지 않는 땅 밑에서 제 뿌리를 가늠해보고 서로 생명에 지장이 없을 만큼 떨어져 뿌리를 내린다는 것이지요.

전선 위에 죽 앉아 있는 참새들은 15센티미터씩, 바닷가 갈매기들은 30센티미터씩, 논 위에 드문드문 떨어져 외발로 서 있는 홍학은 60센티미터씩 떨어져 있다는군요.

이것은 존중의 거리이기도 하고 배려의 거리이기도 합니다. 이 간격을 넘을 때 갈등이 생기는 것이지요. 엄마라는 이름으로 애인이라는 이름으로 우리는 이 선을 넘을 때가 많습니다. 그리고 사랑이라든지 관심이라는 말로 합리화하지요. 진정한 배려는, 진정한 사랑은 그 개인 거리를 지켜주는 것입니다. 그것은 상대방을 그 모습 그대로 인정해주는 일이기도 합니다.

생명은 기다림 속에서 움트고

내친김에 타로카드에서 '엄마' 카드를 찾아보았습니다. 엄마 카드라고도 불리는 '여황제(The Empress)' 카드입니다. 한 눈으로 봐도 풍요롭습니다. 그런데 가만히 보면 이 모든 풍성함은 기다림으로 가능한 것들입니다. 생명의 원천인 시냇물이 충분히 대지를 적셔 밀 이삭이 풍성해졌고요. 오랜 시간을 건너 숲은 무성해졌습니다. 그리고 임신한 것으로 보이는 여인은 열 달의 기다림 끝에 아이를 얻을 수 있겠지요. 여기서 여인은 살짝 말하고 있는 듯합니다. 이 모든 풍요로움은 기다림이 가져다준 선물

여황제
The Empress

이라고요. 그래서인지 여인은 얼마든지 더 기다릴 수 있는 편안한 자세로 앉아 있네요.

다른 3번 카드들입니다. 얼마든지 기다려 줄 수 있을 것 같은 풍요롭고 여유로운 느낌에는 변함이 없네요. 엄마의 사랑이란 기다림으로 완성되는 사랑이 아닐까요? 열 달을 잉태하고 기다린 것처럼. 그 기다림은 자식의 모든 것이 무너졌을 때, 모두들 외면했을 때 돌아갈 수 있는 집이 돼주기도 하지요. 엄마는 그런 의미에서 자식의 그림자가 다 들어올 때까지 대문을 닫지 않는 사람입니다.

그렇다면 타로카드에서 아버지를 나타내는 카드는 무엇일까요?

'황제(The Emperor)' 카드를 흔히 '아버지' 카드라고 부릅니다. 어머니가 생명을 주었다면 아버지는 삶의 질서를 가르쳐줍니다. 황제가 앉아 있는 사각 의자는 사회 규범이고 질서, 제도 등을 의미합니다. 어머니가 준 생명의 물줄기를 아버지는 사회 속에서 질서화하지요. 이 쌍두마차에 의해 우리는 세상 속에서 살아갈 수 있습니다.

황제
The Emperor

한 연구에 따르면 생명은 엄마로부터 받지만, 성격은 아버지로부터 정해진다고 합니다. 사실 낮은 자존감을 소유했거나 범죄 행위를 저지르는 등의 문제 행위는 어머니보다는 아버지와의 애정 부족에서 더 영향을 받는다는데요. 심리학자 해리스(Kathleen Harris)에 의하면 아동기에 아버지와 밀접한 관계를 맺은 자녀들이 정신적으로 건강하고 똑똑할 뿐만 아니라 학업 성취도가 높고 사회에 나가서도 좋은 직업을 가진다고 합니다.

이 글을 쓰다 보니 문득 아버지가 떠오릅니다. 아버지는 무척 조용한 분이었습니다. 꽃을 좋아하셨고요. 우리집 마당엔 맨드라미, 백일홍, 접시꽃, 채송화 등이 가득했습니다. 그중 나는 붉은 한련화를 특히 좋아했지요. 엄마가 화단이었다면 아버지는 그 화단에 뿌려진 꽃씨에 정성껏 물을 주고 거름을 주신 분입니다. 직접 가지치기도 해주고 벌레를 잡아 주기도 했지요.

어머니 아버지 이야기가 나오니 문득 쓸쓸하여 창밖으로 다가갑니다. 오늘따라 달이 휘영청 밝군요. 지구 반대편에 있을 때도 이렇게 달을 자주 쳐다보았더랍니다. 도겐(道元) 선사는 "깨달음은 풀잎 위에 비친 달과 같다"라고 했지요. 젖은 이슬에 비친 달이지만 달은 젖지 않는 것처럼, 젖지 않은 달을 담고 있지만 이슬은 일그러지지 않는 것처럼 도인의 달에는 그렇게 깨달음만 비치는가 봅니다.

내게 달은 그저 소박한 그리움일 뿐입니다. 싫다고 도리질해도 약주 한잔 드시고 온 아버지가 내 볼에 비벼대던 까칠한 수염의 감촉 같은 것이고 엄마가 발라주던 생선 가시 같은 것이지요. 기울었다가 차오르고 만월이 되었다 스러지는 달처럼 아버지 어머니에 대한 기억은 주기적으로 차올라 이만큼의 나이가 되어도 나를 그리움의 달빛에 젖게 합니다.

2

물의 흔적

ACE of CUPS .

액체 상태인 물(水)은 담는 그릇에 따라 모양이 변하는 것처럼 유동적
이다. 그래서 4원소 중에서 물은 그토록 가변적인 우리의 마음 또는
정서를 나타낸다. 고여 있는 물이 썩는 것처럼 우리의 마음도 그러하
다. 나는 그대에게 흘러가고 싶다. 그대와 만나 더욱 맑고 투명한 물이
되고 싶다. 아름다운 덧셈이 되고 싶다.

사랑, 그 동상이몽의
에덴동산

))●((

연애란 인생에서 맛볼 수 있는 최대의 기쁨이고
인간에게 주어진 광기 어린 일이다.

스탕달

"남자들은 애인이 옆에 있는데도 왜 다른 여자에게 눈을 돌리죠?"
"여자들은 무슨 할 말이 그렇게 많죠?"

한 결혼정보회사의 조사에 따르면 여성들은 애인이 옆에 있는데도 다른 여자에게 눈길을 주는 남자들의 마음을 가장 이해할 수 없다고 했고요. 남성들은 여자들이 주제도 없이 오랜 시간 장황하게 수다를 떠는 것이 가장 이해가 되지 않는다고 답했습니다. 이 세상에서 가장 가까운 듯 먼 사이. 서로 연인이 되고 부부가 되기도 하지만, 그러나 남녀에게서 서로가 이해하지 못하는 근본적으로 다른 무엇이 있는 것일까요?

화성에서 온 남자 vs. 금성에서 온 여자

온라인 커뮤니티에서 여자와 남자의 옷장을 비교한 그림을 본 적이 있습니다. 여자 옷장은 상의, 하의, 신발을 비롯하여 다양한 의상이 넘쳐나는데도 주인인 여성은 정작 "입을 옷이 없어"라며 볼멘소리를 합니다. 그에 반해 남자의 옷장은 달랑 신발 한 켤레와 옷 한 벌뿐인데도 "일주일은 충분하구나"라고 말합니다.

남녀가 샴푸를 고르는 기준이란 이야기에서는 그만 폭소가 터지고 맙니다. 여자가 샴푸를 고르는 기준은 '효과, 인기, 냄새, 디자인, 추천' 등 다양한 반면, 남자가 샴푸를 고르는 기준은 '샴푸라고 쓰여 있어서'라는 단 한 가지뿐이라는 것입니다.

오죽했으면 '화성에서 온 남자, 금성에서 온 여자'라는 말이 다 나왔을까요. 이 책의 저자 존 그레이가 주장하는 것은 한 가지입니다. 남자와 여자는 의사소통 방식이 완전히 다르며 그래서 서로에 대해 오해할 수밖에 없다고요. 서로 다르게 생각하고 느끼고 지각하고 반응하고 대응하고 사랑하고 요구하기에 남자와 여자는 거의 서로 다른 별에서 온 것처럼 보일 정도라는 것이지요.

남자와 여자는 왜 다를까?

남자와 여자는 어쩌다 이렇게 다른 의식구조를 갖게 된 것일까요?

진화심리학에서는 남자와 여자가 다른 이유를 종족보존에 대한 전략이 달랐기 때문이라고 보고 있습니다. 모든 진화는 '어떻게 종족을 더 잘 퍼트릴지'로부터 출발하잖아요. 많은 자손을 퍼트리기 위해서 남자에겐 여러 번의 성관계가 더 유리했기 때문에 적극적인 방향으로 성욕이 진화했지만, 여자에겐 여러 남성과의 관계보다는 자손을 위해 먹을 것과 생활에 필요한 것을 장기적으로 제공해 줄 안정적인 남자가 필요했던 것이지요.

남자는 많은 씨를 뿌리는 것이 중요했기 때문에 '질'보다는 '양'을 선택하게 되었고, 여자는 많은 시간이 소요되는 임신과 육아 때문에 '양'보다는 '질'을 선택하게 된 것이라고요. 이 학설이 진화심리학의 정설로 받아들여지고 있는 분위기입니다.

정말 그럴까요? 남자의 뇌는 1,325그램, 여자의 뇌는 1,144그램. 남자가 약 100그램이 더 무거울 뿐이고요. 염색체로 보면 44개의 상염색체 중 여자는 XX를, 남자는 XY를 갖고 있어 실질적으로 고작 X염색체 하나가 다를 뿐인데 말이지요.

THE LOVERS

내담자 중에서 심리상담과 타로 상담을 겸하여 정기적으로 찾아오는 이들이 있습니다. 꼭 무슨 문제가 있어서만 오는 것은 아닙니다. 집중력이 떨어지거나, 머릿속을 정리하고 싶을 때, 외로울 때, 하소연하고 싶을 때, 그저 속내를 다 보일 수 있는 친구를 찾듯 나를 찾아오는 것이지요.

살아가면서 자문을 구할 수 있는 누군가가 있다는 것, 구겨진 마음을 펴게 해줄 누군가가 곁에 있다는 것은 매우 중요합니다. 그래서 외국의 부자들은 한평생 곁에 심리상담사를 두고 심리적 정서적 무게를 늘 털어냅니다. 거기에 전문가적인 도움까지 받을 수 있다면 더욱 좋겠지요. 내 마음의 주치의라고나 할까요. 그런 사람이 곁에 있다면 삶이 얼마나 든든할까요.

K라는 청년도 자주 내방하는 이들 중 하나입니다. K는 현재 썸타는 여성이 있는데 도무지 진도가 나가지 않는다고 털어놓습니다. 1년이나 됐는데 제자리걸음이라는 것이지요. 그러면서 도대체 여자의 마음을 알 수 없다고 투덜거립니다. 여행을 가자고 하면 흔쾌히 동의한다는 거예요. 그렇지만 룸은 2개를 예약하길 원하고, 단둘이 가기를 원하는 자신과는 다르게 동행인을 데리고 나타난다는 겁니다. 이 여자가 나를 사랑하고는 있는지 의심이 들기 시작한다는 것이었습니다.

그렇다면 사랑이란 과연 무엇일까요? 남자와 여자의 사랑은 다른 것일까요? 많은 이들이 나름대로 사랑에 대해 정의를 내리고 있기는 합니다. 철학자는 사랑을 욕망으로 보았고, 심리학자는 정서로, 정신분석가는 애착으로, 사회학자는 인간관계로 나름 정의 내리고 있습니다. 나는 '연

연인
The Lovers

인(The Lovers)' 카드를 보여주었습니다. 여기에 어쩌면 사랑의 비밀이 숨어 있을지도 모르기 때문입니다.

　에덴동산을 모티브로 한 이 카드에는 벌거벗은 두 남녀가 서 있습니다. 카드 제목은 '연인'인데 자세히 보면 어쩐지 뭔가 사인이 맞지 않는 모습입니다. 아마도 두 남녀의 엇갈리는 시선 때문일 것입니다. 남자는 여자를 정면으로 응시하고 있습니다. 그런데 여자는 남자를 보는 대신 다른 곳을 보고 있네요.

이렇게 두 남녀가 서로 다른 곳을 보고 있는 것이 사랑이라니요. 남자에게 사랑이란 불꽃 나무가 상징하듯 욕망이지만 여자에게 사랑이란 훨씬 복잡한 듯합니다. 이렇게 서로 시선이 엇갈리는 남녀 사이에 다행히 천사가 있습니다. 사랑과 치유를 관장하는 라파엘 천사인데요. 천사는 사랑 속엔 욕망도 물욕도 포함하지만, 이렇듯 서로 다른 생각과 감정을 중재해 가는 것이 바로 사랑이라고 말하고 있는 듯합니다.

K는 사랑하기에 당연히 스킨십을 원했지만 여자 친구는 좀 더 감정적인 교류를 원하면서 확신의 시간을 갖고 싶었던 것이지요. 이렇게 남자와 여자는 생리적 욕구도 다르고 표현도 다르고 정서도 다릅니다. 이런 차이를 조율해가는 것이 바로 사랑인 것이지요.

위의 타로카드에서는 사랑을 연인들의 '결합'이라는 이미지로 보여주고 있네요.

눈먼 사랑

왼쪽의 카드에서는 남성은 지팡이와 검을, 여성은 컵과 동전을 들고 있습니다. 이것이 각각 4원소를 상징하는 것은 아시겠지요. 남성과 여성은 갖고 있는 원소가 근본적으로 다름을 보여주고 있습니다. 남성은 추진력이 있으면서도 이성적이고요, 여성은 감정이 풍부하면서도 현실적이라는 것이지요. 이렇듯 남자와 여자는 기질도 다르고 생각도 다릅니다.

그래서 남녀 사이에 중재와 보완이 필요한 이유이기도 합니다. 그 중재와 보완이란 것이 섹스일 수도 결혼일 수도 아이일 수도 있겠지요. 또는 배려나 양보 같은 것들이 될 수도 있겠지요.

연인
The Lovers

투 컵
Two of Cups

타로카드에서는 이 중재와 보완을 라파엘의 모습으로 형상화하고 있는 것입니다. '투 컵(Two of Cups)' 카드에서도 마찬가지입니다. 가운데 두 마리 뱀이 얽히듯 휘감고 있는데요, 이는 두 영혼의 결합을 나타냅니다. 라파엘 천사의 모습이 여기서는 헤르메스의 지팡이에 나왔던 카두세우스로 표현되고 있습니다. 두 사람의 관계 맺음으로 치유가 일어날 것을 알려주고 있는 것이지요.

눈을 부릅뜬 사랑

작가 마가렛 헤퍼난(Margaret Heffernan)은 '의지적으로 눈이 먼 상태'

연인
The Lovers

악마
The Devil

를 사랑이라고 말합니다. 사랑에 빠졌을 때 분비되는 세로토닌 등은 상대의 결점을 인지하지 못하게 해서 사람을 눈멀게 만든다지요. 여기서 눈이 먼다는 것은, 단순히 보지 못한다는 의미가 아니라 분석하고 비판하는 논리적인 행위를 멈춘다는 의미입니다. 그래서 사랑하는 남녀 사이에서 천사는 눈을 감은 채 두 사람을 연결해주고 있는 것인지도 모릅니다.

그런데 '악마(The Devil)' 카드를 한 번 보세요. '연인(The Lovers)' 카드와 같은 구도이지만 그 의미가 변질되어 있습니다. 눈을 감고 있던 천사는 눈을 부릅뜬 악마로 변해 있습니다. 연인들도 목엔 쇠고랑을 차고 있고 등 뒤의 나무도 그저 꼬리에서 불타고 있을 뿐입니다. 변질된 사랑의 모습이지요. 특히 천사 대신 그 자리를 차지하고 있는 악마를 보세요. 눈을 감고 있던 천사에 비해 악마는 눈을 부릅뜨고 있습니다. 서로 일거수일투족을 감시하고 참견하는 것이 결코 사랑일 수는 없지요. 그것은 집착이고 감옥인 셈이지요.

문득 요즘 20~30대 젊은이들의 사랑이 떠오릅니다. 연애, 결혼, 출산을 포기했다는 3포 세대, 거기에서 발전해서 7포 세대라고 불리기도 하지요. 그래서인지 눈을 크게 뜨고 직업이 무엇인지, 능력은 있는지 스펙을 먼저 따져봅니다.

심지어 감정 낭비를 줄이기 위해 조건을 맞춰보고 꼭 사랑하지 않더라도 자신과 최대한 비슷한 사람, 이미 나와 맞춰진 사람과 만나 결혼하는 것을 '사랑의 효용성' 정도로 생각하는 듯합니다. 이런 행동이야말로 '눈을 부릅뜬 사랑'이 아닐까요?

스스로의 목에 쇠고랑을 거는 것을 사랑이라고 '악마' 카드는 말하고 있는 듯합니다. 다행히 목에 걸린 쇠고랑은 느슨하군요. 마음만 먹으면 얼마든지 벗을 수 있을 만큼요. 얼마나 다행인지요. 그 쇠고랑을 벗어 던진다면 사랑의 문은 저절로 열리겠지요.

사랑을 대하는 자세에 따라 변하는 사랑의 모습을 두 카드를 통해 확인할 수 있습니다. 눈 감은 사랑이 더욱 귀하게 여겨지는 요즘입니다.

사랑의
유통 기한

"어떻게 사랑이 그렇게 쉽게 변할 수 있죠?"

그녀가 말끝을 흐립니다. 아무래도 그녀가 남친과 헤어진 모양입니다. '자연심리상담연구소'를 찾는 이들은 남자보다 여자가 많습니다. 상담 내용 중 1위와 2위를 다투는 것이 '사랑'에 관한 것이고요. 남자라고 실연이 아프지 않을 리 없겠지만, 정서적으로 단단한 것도 사실이고 무엇보다 남들에게 자신의 감정을 드러내는 것을 수치라고 교육받았기 때문에 잘 표현하지 않는 탓도 있을 것입니다.

부스스한 얼굴로 찾아와 한 시간 내내 우는 내담자. 그녀들과 눈이 통통 부을 때까지 우는 것. 그것이 심리상담일지도 모릅니다. 심리학의 어원이 사이키(psyche)로 '마음의 학문'이라는 뜻인데요. 그런 의미에서 '자연심리상담연구소'는 그녀들이 마음 놓고 울 수 있는 장소이기도 합니다. 그래서인지 내게 상담을 오는 친구들 중 10명이면 9명은 웁니다. 그녀는 다시 한번 흐느끼듯 말합니다. 어떻게 사람의 마음이 그렇게 쉽게 변할 수 있지요?

그녀의 남친은 그녀에게 지극 정성이었다고 합니다. 매일 집 앞까지 데려다주었고 하루에도 수십 번 카톡을 남겼으며, 자기한텐 그녀가 너무 과분한 존재라며 아주 귀한 보물을 다루듯 대했다고 합니다. 그런 그의 정성에 만난 지 1년 정도 되어 관계를 가졌는데요. 그 후 그는 지나치게 자주 관계를 요구해왔다는 것입니다.

얼마 전에도 크게 다투었는데, 감정이 채 정리되지도 않은 상태에서 그가 또 관계를 요구한 것이었습니다. 그녀는 그런 그의 심리를 도저히 이해할 수 없었다고 합니다. 심지어 자신을 만나는 게 욕정을 못 참아서 인가 하는 생각마저 들며 그런 그가 너무 동물적으로 느껴졌고 그만 헤어지자는 말을 했다는 것입니다. 그러자 그가 그 후로 연락을 끊었다는 것이었습니다.

만개한 장미꽃 이불을 덮고

나는 그녀의 현재 상태를 알기 위해 카드를 뽑아보라고 하였습니다. '나인 소드(Nine of Swords)' 카드가 나왔군요. 얼굴을 가린 채 밤새 한숨도 못 자고 번민에 휩싸인 분위기인데요. 그녀 머리 위에 걸린 '검'의 숫자를 보세요. 그 숫자가 곧 번민의 숫자입니다.

나인 소드
Nine of Swords

    그녀가 덮고 있는 이불에는 장미꽃이 가득 수놓아져 있습니다. 만개한 꽃밭에서 사랑 때문에 고민에 휩싸인 그녀의 모습을 잘 보여주고 있네요. 다행히 칼날이 그녀를 공격하고 있지는 않습니다. 이불도 충분히 그녀의 하체를 잘 보호해주고 있습니다.

    문제는 그녀가 감싸 쥐고 있는, 지나치게 생각이 많은 머리일 수도 있습니다. 어쩌면 그녀는 실질적인 문제보다 더 확대해서 고민에 휩싸여 있는지도 모릅니다. 의외로 간단히 해결될 수 있는 문제인데도 불안감이나 두려움 등으로 스스로 확대해석해서 고민하고 있을지도 모르겠다는 생각이 들었습니다. 나는 문제를 대면해 볼 것을 조언합니다. 섹스란 사랑의 완성이나 결말이 아닙니다. 그건 단지 사랑이 시작되는, 혹은 사랑이 진척되는 한 가지 계기이고 시작입니다.

사랑의 3단계

미국 럿거스대 피셔(Helen Fisher) 박사는 사랑이 갈망-끌림-애착의 3단계를 거치며, 각 단계를 거칠 때마다 뇌에서 분비되는 화학물질도 다르다는 사실을 밝혀냈습니다.

사랑에 막 빠진 갈망의 단계에선 성호르몬인 테스토르테론과 에스트로겐이 만들어지며, 끌림의 단계에서는 도파민, 노르에피네프린(일명 아드레날린)과 세로토닌이 분비된다는 것이지요. 도파민은 쾌감을 주고, 노르에피네프린은 심장을 뛰게 하고 땀이 나게 합니다. 세로토닌은 사랑에서 가장 중요한 화학물질로 사람을 일시적으로 미치게 만들지요.

그리고 애착 단계에서는 관계가 지속되어 밀착되기를 원하면서 옥시토신과 바소프레신이 분비됩니다. 옥시토신은 출산이나 수유 때 아기와 엄마의 결합력을 공고히 해주며 섹스 때에도 분비됩니다. 섹스를 자주 할수록 상대와의 결합이 깊어지는 이유가 여기 있습니다.

과학적으로 보면 사랑이란 뇌의 화학적 분비물의 현상일 뿐이며, 화학적 분비물이 흐르는 동안 오감의 착각일지도 모릅니다. 사람을 일시적으로 미치게 만든다는 세로토닌도 그 수명이 길어봤자 4, 5년 정도라고 하니까요.

'No Love No Sex', 'No Sex No Love'

오늘 온 내담자는 갈망에서 끌림으로 넘어가는 사랑의 단계에서 성적인 문제로 갈등이 생긴 것으로 보입니다. 여기서 하나 알아 둘 것은 남자는 섹스라는 행위를 사랑의 동의어로 생각한다는 점입니다.

그래서 슬픔에 빠진 연인을 위로한답시고 섹스를 시도하지만 슬픔에 빠진 여자에게 그 제의는 용납이 되질 않지요. 여자는 마음의 위안을 더 원하기 때문입니다. 육체적인 접촉 이전에 감정적인 교류를 더 원하기 때문입니다.

그런데 남자는 정신적인 위안마저도 사랑하는 사람과의 섹스를 통해 얻고자 합니다. 위기 상황에 빠졌을 때, 문제가 안 풀릴 때도 섹스를 통해 긴장을 풀려고 합니다. 육체적인 접촉을 통해 감정의 안정을 꾀하는 것이지요.

그래서 여자는 '사랑하는 사람과 섹스를 하고, 남자는 섹스하는 사람을 사랑한다'라는 말이 나올 정도입니다. 그만큼 여자와 남자는 사랑과 섹스에 대해서 시각이 다르다는 것을 연인 관계에서는 이해할 필요가 있습니다.

이별의 온도

남자의 사랑은 100도에서 시작해 50도로 서서히 식어가지만, 여자의 사랑은 50도에서 시작해 100도로 서서히 끓는다는 말이 있습니다. 그만큼 사랑의 비등점이 다른 것이지요. 그래서 남자는 여자를 사귀기 시작한 초반부에 온 정성을 들이고, 여자는 남자를 사귀고 믿음이 생겼을 때 비로소 정성을 다합니다. 이 엇갈림의 온도 때문에 종종 비극의 연인들이 탄생하기도 합니다.

냄비 같은 사랑, 뚝배기 같은 사랑

"이제 전 시작인데 그는 벌써 사랑이 끝났나 봐요."

오늘 '자연심리상담연구소'를 찾아온 내담자는 유독 눈이 아름다운 31살 아가씨였습니다. 선하면서도 깊은 눈이 사람을 빨아들일 것 같은 매력적인 여성이었습니다. 그녀는 상담 중에도 몇 번이나 눈물을 글썽이며 떠난 남친을 그리워했습니다.

6개월 동안 사귄 남친이 한 달 전부터는 카톡을 열어보지 않더니 전화도 차단하고, 2주 전에는 끝내 헤어지자는 문자를 보내왔다는 것입니다. 그의 마음이 돌아선 것을 알았지만 그럴수록 자꾸 생각이 난다는 것이었지요.

같이 커피를 마셨던 찻집, 그가 사주었던 프리지아꽃, 그가 자신을 기다리던 가로등 밑, 그가 100일 기념으로 만들어주었던 앨범. 그때는 무심히 흘려보냈던 것들까지 새삼스럽게 떠오르며 상실감에 휩싸이곤 한다는 것이었습니다. 나는 먼저 두 사람의 성격을 알아보기 위해 평생카드

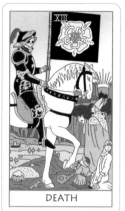

를 뽑아보았습니다. 그리고 두 사람의 관계가 앞으로 어떻게 전개될지에 대해서도 알아보았습니다.

여자는 외모와는 달리 자기 세계가 분명하고, 남자가 오히려 더 여성적인 성격을 많이 지닌 듯했습니다. 어쩌면 섬세한 남자가 여자의 보수적인 성격을 힘들어했을지도 모르겠고요. 여자는 남자를 잊는 데 시간이 좀 걸리겠네요.

그러나 남자의 마음은 이미 깨끗이 정리된 상태여서 여자가 아무리 매달린다 해도 관계가 회복되기는 힘들 것으로 보였습니다. 오히려 이번 만남을 계기로 자신을 잘 추스른다면 좋은 인연이 기다리고 있을 것 같다는 말입니다.

그렇다면 어떻게 이상적인 사랑을 만날 수 있을까요? 심리학에서는 여성 안에도 남성성이 있고 남성 안에도 여성성이 잠재해 있다고 봅니다. 이를 칼 융은 아니마, 아니무스로 표현했는데요. 사랑이나 이끌림이라는 감정은 그녀에게서 현재의 그녀를 보는 것이 아닌 무의식 속에 투사된 '여신상'을 보는 것이고, 남자에게서 현재의 남자를 보는 것이 아닌 신화에 나오는 '영웅'이나 '성자상'을 보는 것이랍니다.

이상적인 여자와 남자를 찾을 수 있는 방법은 의외로 간단합니다. 여성은 자기 안의 여성성을, 남성은 자기 안의 남성성을 받아들일 때 우리는 이상적인 남자와 여자를 찾기 위한 환상에서 벗어날 수 있습니다.

실연의 아픔은 어느 정도일까?

'쓰리 소드(Three of Swords)' 카드는 그녀의 마음 상태를 잘 보여주고 있네요. 세 개의 칼이 심장을 관통하고 있는 것으로 보아 물리적인 상처가 아닌 마음의 상처임을 알 수 있습니다. 잔뜩 낀 먹구름과 주룩주룩 내리는 비는 그녀의 슬픔을 의미하는 것이겠지요. 이 카드를 보더니 그녀가 다시 울먹이기 시작합니다.

"정말 제 심장이 갈기갈기 찢어지는 것만 같아요."

그러면서 그녀는 그가 떠난 후 한여름인데도 감기가 떠나질 않는다는 것이었습니다. 사실 실연을 하면 마음과 함께 몸이 아플 수 있습니다. 몸은 마음의 투사체이고 마음은 심장의 반사체라는 말처럼 우리의 마음

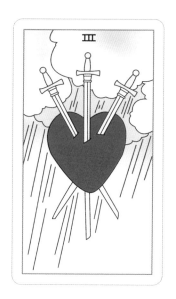

쓰리 소드
Three of Swords

과 몸은 긴밀하게 연결되어 있기 때문입니다. 그렇다면 과연 실연의 아픔
은 어느 정도일까요?

한 과학자의 실험에 의하면 심장이 찢어지는 것 같다는 실연의 고통
은 실제 뜨거운 커피를 무릎에 쏟았을 때의 고통과 동일하다는 것입니
다. 미국 컬럼비아대 스미스(Edward Smith) 교수 생리학 연구팀이 이별을
경험한 40명에게 각각 헤어진 연인의 사진을 보여준 후 자기공명영상장
치(fMRI)로 뇌를 촬영해 보았습니다.

그런데 놀랍게도 신체에 뜨거운 것이 닿았을 때 반응하는 뇌 부위가 활성화되었던 것입니다. '제2차 체감각피질'이라는 그 부위는 촉각, 통증, 온도 등의 감각을 처리하는 곳인데 옛 애인의 얼굴을 보자 뜨거운 것이 닿았을 때의 고통과 동일한 부위가 활성화된 것이지요. 불같은 사랑이란 말이 이토록 과학적인 말이었다니 새삼 선배들의 직관적인 표현에 놀라움을 금할 수 없네요.

또한, 몸이 아프면 외로움을 더 느끼는 반면 신체적 고통을 제거해주면 외로움이나 인간관계로 인한 갈등도 적게 느낀다고 하니 참 신기할 뿐입니다. 외로움이 감기를 유발하진 않지만 외로움을 타는 사람들 중 75%는 감기에 걸릴 경우 더 심한 증상을 앓는다는 보고도 있는 것을 보면 그녀의 떨어지지 않는 감기가 어쩌면 마음의 문제인지도 모르겠습니다.

심리학은 이렇게 마음을 들여다보는 학문입니다. 그녀의 몸이 자꾸 아픈 것을 치료하기 위해서라도 자신의 마음을 솔직하게 들여다보아야 합니다. 그녀가 지금 아픈 것은 어쩌면 사랑을 잃어서가 아니라 미련 때문인지도 모릅니다. 최선을 다해서 사랑하지 못한 것, 사랑할 당시 그 감정에 집중하지 못한 것에 대한 아쉬움인지도 모릅니다.

중요한 것은 자신의 감정을 알고 표출하는 것입니다. 그것이 치료의 시작입니다. 울고 싶으면 울고, 아프다고 말하고, 그 남자에게 매달리고 싶으면 매달리는 것도 한 방법입니다. 그렇게 자유롭게 감정을 표출하면서 자신의 감정을 들여다보는 것이 치료의 시작입니다.

이별을 치유하는 남녀의 방법

실연을 당했을 경우 남녀는 각기 어떻게 이별을 극복해갈까요?

여기 재미있는 조사가 하나 있네요. 한 결혼정보회사에서 '이별 후 극복방법'에 대해 조사를 했는데요. 남성들은 주로 친구들과 술을 마시는 것(57.4%)으로 나타났고요. 여성들은 헤어스타일이나 패션에 변화를 주는 것(39.4%)으로 나타났습니다.

조금 더 살펴보면 남성들은 소개팅에서 새로운 사람을 만나거나 (24.8%), 여행을 하거나(13%) 게임이나 오락에 몰두하는(4.8%) 것으로 이별의 상처를 치유했고요. 여성들은 친구들과 수다를 떨거나(32.9%) 일에 집중하거나(14.6%) 새로운 사람을 만나는 것(13.1%) 등으로 이별의 아픔을 치유하는 것으로 나타났습니다.

그러나 술을 마신다거나 새로운 사람을 만나는 것은 일시적인 각성 효과일 뿐입니다. 오히려 자신의 마음을 잘 들여다보고 마음의 소리에 귀를 기울이는 것이 필요합니다. 실연이란 연애에 실패했다는 뜻이지 인생에 실패했다는 의미는 아닙니다.

인생 전체를 놓고 보면 사랑을 하고 사랑을 잃는 것이 사랑을 하지 않고 사랑을 잃는 것보다 분명 값진 것입니다. 그만큼 좋은 사람을 알아볼 수 있는 내공이 생겼기 때문입니다.

우리 인생은 만남과 헤어짐을 통해 더 깊어지고 성숙해집니다. 한 사람을 만난다는 것은 그가 가진 장점이 내게 스민다는 것을 의미하고 한 사람과 헤어진다는 것은 나의 부족함을 돌아보는 계기가 됩니다. 그래서 사랑을 통해 우리는 더욱 인간답게 성장하는 것이지요. 실연을 두려워 마세요. 사랑은 실패한 사랑이라도 그 자체로 귀한 것이니까요.

회복된 낙원

내 마음이 무릎 꿇는 거
그게 기도였다
모든 것을 비워내는 거
그곳이 낙원이었다

어떤 여행은 그렇게
돌아오기 위해 떠나는 것이다

꽃으로도
때리지 마세요

오늘도 22명이 데이트폭력에 시달리고 있습니다. 경찰청 통계에 따르면 데이트폭력 신고 건수는 올해 7월 기준 24,481건, 5년 사이 2배 이상 급증했습니다. 그런데 부부가 아니어서 긴급격리를 명령할 수도 없답니다. 격리가 되지 않으니 보복이 무서워 신고도 할 수 없고요. 피해자의 신변 보호도 경찰관 개인에게 맡겨질 뿐입니다. 그러니 데이트폭력의 피해가 늘어날 수밖에요.

데이트폭력이 사랑싸움이라고?

데이트폭력은 사적인 사랑싸움이 아닙니다. 엄연한 폭행 사건입니다. 또 그렇게 대응해야 합니다. 데이트폭력 가해자들은 공감 능력이 떨어지거나 분노조절 장애를 동반하고 있는 경우가 많기 때문인데요. 조그만 자극에도 감정조절을 하지 못하고 분노를 폭발해버리는 것이지요.

화가 날 때 화를 내는 것은 당연합니다. 정당한 분노를 정당한 방식으로 표현하는 것은 오히려 권장할 만한 일입니다. 그러나 분노조절 장애 환자들은 화를 내지 말아야 할 상황에서 분노가 폭발하기 때문에 문제가 있는 것입니다.

특히 데이트폭력 가해자들은 폭행의 책임을 여자에게 떠넘긴다는 공통점이 있습니다. 맞을 만하니까 때렸다는 둥 이런 식으로요. 이것을 가스라이팅(gaslighting)이라고 하는데요. 상황조작을 통해 상대방의 판단력을 잃게 만드는 것이지요. 이런 데이트폭력에 오래 노출되다 보면 '학습된 무기력'으로 인해 제대로 된 판단과 선택을 하기 어려워집니다.

무너져 내린 자존감으로 스스로를 믿지 못하게 되고 가해자에게 동조하거나 의존하는 상황까지 가게 됩니다. 데이트폭력 가해자의 지배와 통제하에 내가 주인이 아닌 그 사람이 주인인 삶을 살게 되는 것이지요. 그러다 보면 이 지긋지긋한 폭력은 비극적인 결말로 끝나게 될지 모를 일입니다.

매번 폭력적인 남자를 만나는 이유

그녀는 매번 비슷한 유형의 남자를 만나고 거의 비슷한 이유로 헤어졌습니다. 물론 남자만 바뀌었지 헤어지는 상황이나 이유는 비슷했습니다. 네 번째 만난 남친과도 파란만장한 연애를 했고 우여곡절 끝에 결혼 날짜까지 잡았습니다. 하지만 남친의 폭력이 맘에 걸려 상담을 신청했던 것입니다.

　그녀가 비슷한 성향의 연인을 계속 선택하게 되는 이유는 무엇일까
요? 폭력적인 성향의 남자에게 편안함을 느끼고 조금은 거칠고 함부로
대하는 듯한 태도에 끌리는 이유가···. 심리학에서는 그녀의 반복적인 선
택을 '자기 유사성'이라고 합니다. 그녀의 무의식을 지배하고 있는 거대한
뿌리가 현실에서도 자꾸 자기 복제를 하고 있는 것이지요.

　우리에게도 '나무뿌리' 같은 밑바탕이 있어서 현실에 영향을 미친다
는 사실은 잘 알려져 있습니다. 뿌리의 모습이 곧 가지의 모습인 이 현상
을 전문적인 용어로는 '프랙탈(fractal)'이라고 알려져 있습니다.
　틀린 문제를 또 틀리는 이유, 비슷한 여자를 계속 선택하는 이유, 알코
올 중독자 밑에서 성장한 딸이 다시 알코올 중독자 남자와 결혼하는 이유.
우리의 작고 큰 행동들은 '뿌리'라는 거대한 무의식의 영향을 받습니다.
　그래서 타로를 심리학적으로 보자면 타로카드를 읽는다는 것은 나
를 읽는 것이고 무의식을 읽는 것입니다. 즉, 보이지 않는 내 뿌리를 들여
다보는 것이지요.

　그녀의 뿌리는 어린 시절로 거슬러 올라갑니다. 폭력적인 아버지와
늘 살얼음을 밟는 것처럼 긴장됐던 집안 분위기. 집이 조용할수록 오히
려 솜털이 곤두서는 것처럼 긴장되었다고 합니다. 언제 터질지 모르는 뇌

관처럼요. 그러다 접시라도 하나 깨지는 소리가 들리면 한숨이 나오며 비로소 단단하게 뭉쳤던 긴장감이 풀어지곤 했다는 것입니다. 아버지의 구타 소리와 엄마의 비명이 마치 길이 잘 든 옷을 걸친 것처럼 익숙했던 것입니다.

그녀가 폭력적인 남친을 자꾸 선택하는 것은 어린 시절의 무의식에 깊이 박힌 폭력적인 아버지의 영향 때문인 것이지요. 그 익숙함이 곧 자신의 모습이라고 생각했던 것입니다.

자신이 왜 동일한 선택을 반복하는지 알아차린 그녀는 한참이나 울음을 멈추지 않습니다. 몇 번이나 헤어지려고 했지만 남친이 사랑한다고, 미안하다고, 내겐 너밖에 없다는 문자에 매번 결심이 무너졌노라며 울음을 멈추지 않습니다.

그러나 저는 압니다. 지금 그녀가 내 앞에서 목을 놓아 울긴 하지만 그 남친과 헤어지는 것이 결코 쉽지 않으리라는 것을. 우리의 무의식은 우리가 의식에서 알아차린 것보다 훨씬 깊게 작용하기 때문에 상처의 뿌리가 깊으면 깊은 만큼 그 남친과 헤어지는 것이 쉽지 않을 것입니다. 폭력적인 남친은 곧 그녀의 상처이며 무의식의 발현이기 때문입니다.

심리학에서는 '동일시(Identification)'라는 개념이 있는데요. 동일시란 구별하지 않고 동일한 것으로 보고 똑같이 생각하는 것을 의미합니다. 이 사례의 경우엔 과거 학대의 경험이 자기 자신이라고 생각하는 것이

'동일시'인 것이지요. 폭력에 익숙하다고 생각하는 자신이 진정한 자신이 아님을 알려주는 것이 바로 내가 할 일입니다.

새벽이 오기 전에 가장 어둡다
그러나 아침이 오지 않는 날은 없다

일어서고 싶다면 먼저 쓰러져야 합니다. 쓰러져야 일어설 수 있는 것 이지요. '텐 소드(Ten of Swords)' 카드에서는 10개의 검이 등에 꽂혀 쓰러 진 사람을 보여줍니다.

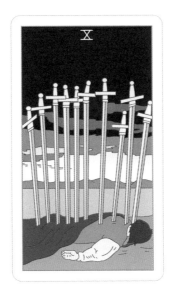

텐 소드
Ten of Swords

그러나 이 카드는 절망을 이야기하고 있지 않습니다. 어려운 상황이 끝난 뒤의 희망을 보여주고 있습니다. 잔잔한 바다와 여명이 밝아오는 새벽하늘을 통해 어려운 상황이 종결되었고 새로운 희망이 시작되었음을 말해주고 있습니다.

이 카드는 말합니다. 이제 마무리하라고. 마무리가 유일한 해결책인 문제도 있는 법이라고요. 그리고 다시 말합니다. 새로 시작하라고요

왜 데이트폭력을 참고 있는가

데이트폭력을 참는 여성의 경우 '모성본능', '닥터형 마인드', '본전뽑기', '무감각' 등의 이유가 있다고 구분할 수 있습니다.

이 남자를 누가 책임져 줄까 하는 생각에 '모성본능'이 발동한 경우, 가해자인 남성을 내가 한번 고쳐보겠다는 '닥터형 마인드'의 경우, 그리고 이미 여성이 가해 남성에게 상당한 물질과 시간, 정성 등을 투자한 상태여서 본전이 아까워 '참는' 경우, '이 폭력만 참고 견디면 괜찮아지겠지'라는 생각에 참다가 결국 폭력에 '무감'해지는 경우 등입니다.

가해 남성들은 대부분 폭력이 끝나면 누구보다 자상하고 친절한 사람으로 돌아옵니다. 진심으로 잘못을 비는 듯한 모습에 '이번에만 참자'라는 식으로 넘어가는 경우가 많은데요. 오히려 이 같은 태도가 반복적인 폭력을 불러오게 합니다. 심리상담사인 내가 감히 이혼이나 이별을 권

할 때가 있는데요. 바로 폭력적인 관계일 때입니다. 폭력은 어떤 상황에서도 결코 사랑이 될 수 없습니다. 폭력은 폭력일 뿐이기 때문입니다.

내 '힘' 사용 설명서

그녀가 미래를 위해 뽑은 타로카드는 공교롭게도 '힘(Strength)'입니다. 여인이 부드럽게 사자를 다루고 있는 이 카드의 이름이 '힘'인 것도 자못 의미심장합니다. 많은 이들이 여자를 '정신적인 힘', 사자를 '물리적인 힘'의 상징으로 보기도 하는데요.

힘
Strength

심리상담사인 내게는 오늘 타로카드 속의 사자를 무의식 속의 '상처'로 해석해보고 싶네요. 그렇습니다. 상처는 우리 내면의 사자입니다. 치유되지 않은 상처는 맹수의 모습으로 언제든 우리의 인생을 공격해 올지 모릅니다. 어떤 상처는 영원히 치유되지 않을지도 모릅니다. 상처와 더불어 상처를 잘 다스리며 사는 것이 필요합니다. 여인이 사자를 부드럽게 통제하듯 말이지요.

여인이 사자의 '입'을 통제하고 있습니다. 정신분석가인 프로이트의 관점으로 보면 입은 구강기의 상징입니다. 사자는 유년기의 경험이나 상처를 의미하는 것이겠지요.

사자의 이빨, 다시 말하면 어린 시절의 상처로 인해 다시 상처가 재현되지 않도록 이성으로 자신의 무의식을 통제하고 있는 것으로 보입니다. 여인이 사자를 부드럽게 다루듯 내 안의 상처나 무의식을 잘 다룬다면 보다 나다운 삶, 내가 주인공이 되는 삶을 살 수 있을 것입니다. 심리상담이나 타로카드 리딩이란 결국 내가 내 삶의 주인이 되도록 마중물 역할을 하는 것이겠지요.

내담자를 보내고

학습된 무기력(learned helplessness)은 스스로 통제할 수 없는 외상적 경험을 겪게 되면, 후에 같은 경험에 대처하려는 동기가 감소하여 자극을 회피하는 방법이 있다 하더라도 그것을 학습하는 데 어려움을 겪는 것을 말합니다. 충격을 스스로 통제할 수 없었던 경험이 통제에 대한 무력감으로 연결되는 것이지요.

내게는 오랜 시간 정성스럽게 손을 씻는 습관이 있습니다. 그러면서 나에게 남아 있는 감정도 모두 흘려보내려 노력합니다. 심리상담사로 가장 힘들 때가 바로 이런 때입니다.

폭력적인 아버지를 미워하면서도 닮아버리는 그, 언어 신체적 폭력에 내맡긴 채 학습된 무기력으로 여전히 폭력 남편과 살아가는 그녀, 아버지의 비위를 맞추느라 아버지의 성폭력을 묻고 사는 딸들….

이들의 상담 내용을 듣다 보면 나도 모르게 분노가 치밀어 오르며 한 번도 본 적이 없는 그들이 미워지는 것이지요. 그래서 남은 감정들을 천천히 손을 씻으며 흘려보내는 것입니다.

내담자들의 분노나 아픔이 내 안에 오래 머무르는 것은 좋지 않습니다. 물론 분석을 하거나 장기적인 상담이 이루어질 때는 다르지만 일회성 상담으로 그들이 아픔만을 남기고 갔을 때는, 본질적인 문제에 접근하지 못한 아쉬움으로, 또는 허망함으로, 아픔으로 밤잠을 설치곤 하기 때문입니다.

그러나 심리상담사로 행복할 때가 더 많습니다. 50분의 상담을 마치고 나가는 내담자의 모습을 볼 때인데요. 들어올 때와는 달리 환한 얼굴이 되어 나가는 모습을 볼 때 내 마음도 환해지면서 충전이 되는 것이지요. 그런데 오늘은 왠지 손을 오래오래 씻을 것만 같습니다.

'바람' 이
본능이라고?

〉〉●《《

여자는 남편이 변하리라 믿으며 결혼한다.

남자는 아내가 변치 않으리라 믿으며 결혼한다.

둘 다 틀렸다.

무명씨

쿨리지 효과

혹시 '쿨리지 효과'라는 말 들어보셨나요? 제30대 미국 대통령의 이름을 따서 붙인 이름인데요. 어느 날 쿨리지(Calvin Coolidge) 대통령과 영부인이 농장을 시찰하게 되었습니다. 먼저 닭장을 지나가게 된 영부인은 암탉과 수탉이 열심히 교미하는 장면을 보고 관리인에게 물었습니다.

"하루에 얼마나 자주 교미하죠?"

"수십 번은 할걸요."

그러자 영부인이 관리인에게 말했습니다.

"대통령이 나중에 닭장에 도착하면 이 사실을 꼭 말해주세요."

잠시 후에 닭장에 도착한 쿨리지 대통령도 역시 관리인에게 물었습니다.

"항상 같은 암컷과 하오?"

"아, 아닙니다. 매번 다른 암탉과 합니다."

그러자 쿨리지 대통령이 말했습니다.

"그 사실을 꼭 좀 영부인에게 말해주시오."

원래 수탉은 잦은 교미로 유명한데요. 정말 수탉은 하루에 60번 이상 교미를 한다고 합니다. 그런데 재미있는 것은 같은 암탉과는 하루에 5회 이상 교미하지 못한다는 것이지요. 새로운 암컷을 접해야 다시 흥분한다는 것인데요. 이 현상을 '쿨리지 효과'라고 부른답니다.

새로운 암탉을 데려오면 처음 교미하는 것처럼 다시 흥분 상태로 돌입한다니…. 그래서 '수탉 효과'라는 말도 생겼답니다. 그런데 수탉만이 아닙니다. 쿨리지 효과는 포유동물에서 광범위하게 발견됩니다. 4천여 종이 넘는 포유동물 중 일부일처제의 짝을 갖는 종은 3%밖에 안 된다고 하니 새삼 일부일처제인 우리의 결혼제도를 돌아보게 됩니다.

수많은 심리학자나 동물학자들은 '바람'이 본능적인 자연스러운 현상이라고 주장합니다. 그중 동물행동학자 바라쉬(David Barash)는 일부일처제의 상징으로 알려진 새들을 대상으로 유전자 검사를 실시했는데요. 암수 금실이 좋은 것으로 알려져 온 거위, 백조, 원앙, 휘파람새 등을 유전자 검사해 본 결과 6마리의 새끼 중 5마리가 혼외 자식이었다는 것이지요.

진화심리학자들은 말합니다. 더 많은 여성에게 임신을 시키고 더 많은 자손을 번식함으로써 유전적 혈통을 강화하려는 남성에게 외도는 본능이라고요. 그래서 자기가 낳은 자녀들의 생계를 보장해주는 유일한 보호자를 찾는 일이 목표인 여성보다 남성들의 외도가 더 빈번할 수밖에 없다는 것이지요.

중년 남자가 바람피우고 싶어 하는 이유

이번엔 다른 이야기를 해봅시다.

중년 남자가 아내에게 이렇게 이야기합니다.

"당신, 나한테 애인이 생기면 어떻게 할래?"

그러자 아내는 1초의 고민도 없이 이렇게 이야기합니다.

"배 나오고~ 나이 들고~ 돈 없는 당신 같은 남자를 누가 좋아한대요?"

가랑비에 옷이 젖는다고 했습니다. 이렇게 반복적으로 되풀이되는 날카로운 말에 남자는 큰 상처를 입었고, 어느 날 그 배 나오고 나이 들고 돈 없는 남자에게 애인이 생겼습니다. 이를 알게 된 아내는 미칠 듯이 괴로웠지만 이미 돌이킬 수 없는 상처를 입은 후였습니다. 결혼 후에 나이가 들어감에 따라 여자들은 점점 강해지고 당당해지는데 남자들의 목소리는 작아집니다. 멀쩡하게 일을 잘하던 남자들도 "도대체 내가 이 일을 하는 의미가 무엇인가?"라는 생각에 회의감을 느끼기도 합니다.

여자는 그 반대입니다. 결혼 초에는 남편이 몇 시에 들어오는지, 요즘 사랑한다는 말을 몇 번 했는지, 나를 몇 번 만져줬는지에 집중하며 살다가 나이가 들어가면서 점차 자기주장이 강해집니다.

그래서 이때 남자들은 전보다 강해진 아내에게 약한 남자로 비치면서 비난을 당하기 쉽습니다. 고단한 세상살이에 지친 남자들은 자신을 공감하고 인정해주는 아내를 기대하며 집으로 들어가지만, 집에 도착하면 기대와는 다른 날카로운 말들이 기다리고 있는 것이지요.

심리학에서는 '피그말리온 효과(pygmalion effect)'라는 개념이 있습니다. '긍정적인 기대나 관심은 좋은 결과를 가져온다'라는 일종의 자기충족적 예언 같은 것인데요. 공감과 인정을 주는 여자와 있을 때 남자는 "나도 진짜 멋있는 남자일지도 몰라"라고 하는 자신감이 생깁니다. 그러한 칭찬이나 인정의 파급효과로 인해 실제로 더 능력 있고 멋진 남자가 된다는 것이지요.

이와 반대되는 개념도 소개해드리겠습니다. 바로 '스티그마 효과

(stigma effect)'입니다. 쉽게 말해 '낙인 효과'입니다. '부정적으로 낙인 찍히면 실제로 그 대상이 점점 더 나쁜 행태를 보이고 좋지 않은 결과를 가져온다'라는 개념입니다.

여러분, 칭찬 양파, 짜증 양파 기억하시나요? 어렸을 때 학교 교실에다가 칭찬 양파와 짜증 양파를 각각 두고 좋은 말과 나쁜 말을 하며 오랫동안 관찰해봤던 기억이 있습니다. 신기하게도 칭찬 양파는 무럭무럭 자랐고, 짜증 양파는 금방 상해버렸지요.

남자들이 외도를 하는 이유는 무엇일까요?

많은 사람이 생각하듯 성적인 욕망에 사로잡힌 사내들이 신선하고 자극적인 젊은 여자에게 눈 돌리는 한눈팔기 같은 것일까요? 물론 그런 이유를 지닌 남자도 많겠지요. 그런 사람은 과감하게 정리해 버리자고요!! 하지만 나는 이런 이유도 있다고 생각합니다.

"남자가 외도에서 찾는 것은 '여자'가 아닌 '인정받고 싶은 마음'인 것이다."

엄마 같은 그녀 믿고 의지했지만

회사원인 K는 7살 연상녀인 직장상사와 내연의 관계를 맺고 있다고 털어놓습니다. 어린 시절 부모가 이혼을 해서 엄마의 세심한 손길을 받아보지 못한 K에게 엄마라는 것은 늘 동경의 대상이었지요. 그러다 푸근한 느낌을 주는 직장상사 J를 알게 되었고 회식 자리에서 자연스럽게 가까워졌다고 합니다.

물론 K는 어린 딸도 있고 동갑내기인 아내도 있었지만, 아이를 낳고부터 자꾸 아이에게만 온 신경을 쏟는 아내가 멀게 느껴진 것도 사실입니다. 그러면서 직장상사 J에게 푸근함과 안정감을 느끼며 자신도 모르게 마음속으로 의지하게 된 것이지요. 그 푸근함을 굳이 사랑이라고 말하기는 어려울지도 모릅니다.

그러나 자신이 충전되는 느낌을 받아 만남을 지속해왔던 것이지요.

죄악감
Guilt

어쩌면 서로에게 바라는 것이 없어서 그토록 편안한 만남을 지속해올 수 있었던 것인지도 모릅니다. 아이의 장래 때문에라도 이혼 따위는 생각조차 안 해봤지만, 혹시 유부녀인 직장상사 J가 자신 때문에 가정이 깨질 수 있다는 생각이 들면서 불안감과 죄책감에 시달리기 시작했다는 것입니다.

이 만남을 얼마나 계속할 수 있을지⋯. 꼬리가 길면 밟히는 법이라는데 이 정도에서 서로를 위해 각자의 집으로 돌아가야 하는 것은 아닌지⋯. 그래서 나를 찾아온 것이었습니다.

남자가 머리를 감싸 쥐는 모습을 보니 젠 타로의 구름 8번 카드가 자연스럽게 오버랩됩니다. 제목이 '죄악감(Guilt)'인데요. 구름 속에서 나타난 악마의 손이 여자의 머리를 짓누르고 있습니다. 악마의 손이 그녀의 머리를 조여오고 있는 것이지요. 현재 내연녀와 가족 사이에서 번민하고 있는 K의 상태를 보여주고 있는 것만 같습니다.

떠날 때는 말 없이

수비학에서 숫자 8은 4+4의 결합으로 두 개의 구조를 의미합니다. 기존 것의 강화와 기존 것으로부터의 이탈, 그리고 영원과 영속, 유지의 의미도 있습니다. 그래서 숫자 8번 카드에서는 기존의 것으로부터 떠나는 모습을 자주 보여줍니다. '식스 소드(Six of Swords)' 카드와 '에이트 컵 (Eight of Cups)' 카드를 한 번 볼까요.

'식스 소드' 카드에서는 온 가족이 어딘가로 떠나고 있는데요. 물결이 일렁이는 곳에서 잔잔한 물결 쪽으로 나가는 것으로 보아 아마도 더 좋은 방향으로 이동하는 듯합니다. 함께 고난을 극복한다는 의미로 읽어볼 수 있습니다.

'에이트 컵' 카드에서는 홀로 떠나는 남자의 뒷모습을 보여주고 있는데요. 미련이 남아 있지만, 기존의 가치를 버리고 떠난다는 의미입니다. 하늘에서는 개기일식을 나타내듯 달이 태양을 가리고 있습니다. 달이란 내연의 관계일 수도 있고 욕망이나 본능일 수도 있겠지요.

그러나 지금은 좀 더 나은 가치를 위해 이 모두를 놓아두고 떠나야

식스 소드
Six of Swords

에이트 컵
Eight of Cups

한다는 것입니다. 아마도 K는 '에이트 컵' 카드의 경우에 해당할 것입니다.

'에이트 컵'의 다른 카드들인데요. 미련이 남아서인지 떠나는 모습들이 하나 같이 쓸쓸하고 힘겨워 보입니다. 자꾸 뒤를 돌아보기도 하고요. 그러나 맨 오른쪽 카드는 조금 특이합니다. 뿌리와 나뭇가지가 무성한 나무를 보여주고 있는데요. 뿌리는 나뭇가지의 반사이고 나뭇가지는 뿌리의 반사라는 뜻입니다. 오늘 당신의 선택이 당신 미래의 선택이기도 하다는 의미를 전해주고 있습니다.

내가 타로카드를 상담의 도구로 사용하는 이유 중의 하나가 풍부한 상징 때문입니다. 상징은 풍부한 상상력과 흥미를 유발합니다. 상상은 잠든 뇌를 깨웁니다. 그래서 내담자를 보다 적극적으로 상담에 참여하도록 하지요.

타로와 심리학의 공통점은 내담자의 심리적 문제나 생활에 불편함을 주는 불편감에 대한 근본적 바탕을 알아차리도록 돕는다는 점입니다. 이 카드들에서도 숫자 8이 가지고 있는 상징성들을 기존 것의 강화와 기존 것으로부터의 이탈이라는 메시지를 통해서 잘 보여주고 있네요.

그 자리에 그대로 있으면 달라지는 것도 없습니다. 습관을 고친다는 것은 새로운 습관을 만드는 일이기도 합니다. 우리는 바뀔 수 있는 존재입니다. 힘과 용기로 떠나보낼 것은 떠나보내고 파괴적인 관계들을 비우는 것, 그것이 바로 과거와의 결별이며 새로운 미래를 만드는 일이겠지요. 아무것도 하지 않는다면 변화는 일어나지 않습니다. 조금 아프더라도, 조금 상처받더라도 용기 있고 과감하게 내 마음을 밖으로 표출하고 끄집어내어 앞으로 나아가야 합니다.

'에이트 컵' 카드는 말합니다. 민물과 바닷물의 온도 차에 적응하기 위해 호흡을 바꾸는 연어처럼 한번 호흡을 바꿔보라고요. 떠날 시기를 알고 떠나는 것, 그것이 아름다운 용기라고요.

흔들다리
효과

　벤쿠버에 있는 캐필라노에는 두 개의 다리가 있다고 합니다. 하나는 강 위에 아찔하게 걸쳐져 있어 아슬아슬하게 흔들리는 위태한 다리이고요, 다른 하나는 안정적으로 건축된 다리라고 합니다. 이 두 개의 다리 위에서 아서 아론(Arthur Aron)과 도널드 더튼(Donald Dutton) 박사가 실험을 했는데요.

　각 다리 중간에 한 명의 멋진 여성을 세워 두고 남자가 다가오면 설문지를 작성토록 한 것이지요. 그리고 일부러 덧붙입니다. 더 알고 싶은 것이 있으면 전화해 달라면서 연락처를 건네주는 것이지요.

　위험한 다리와 안전한 다리, 실험 후 어느 쪽에 서 있던 여성에게 더 많은 전화가 걸려왔을까요? 맞습니다. 아찔한 다리에서 만난 남성들에게서는 절반 이상이 연락을 다시 했던 반면, 안전한 다리에서 만난 남성은 8명 중 단 한 명만이 전화를 했습니다. 이건 또 무슨 심리일까요?

인간은 극적이고 위태로운 상황에서 서로에게 호감을 느끼고 사랑에 빠질 가능성이 높다고 합니다. 심리적 불안감 때문에 심장박동이 빨라지는 것을 마치 이성에 대한 흥분으로 착각한다는 것이지요. 이것을 심리학 용어로 '귀인 오류'라고 하는데요. 심리가 불안한 상태에서 사람들은 더욱 친밀감을 느끼고 싶어 하며 사랑을 갈망하게 된다는 것입니다.

등신 불륜

40대 중반으로 보이는 M은 벌써 두 번째 방문입니다. 첫 번째 상담에서는 당시 M은 가슴이 답답하다는 말을 반복했습니다. 남편이 시댁 일에만 너무 신경을 쓰는 것 같아 한마디 했더니 버럭 고함을 지르더라는 것입니다. 자신도 늘 시댁에 최선을 다하고 있는데 남편이 소리를 지르자 무척 섭섭했다는 것이지요.

하지만 남한테 화를 별로 내 본 적이 없는 그녀는 속으로 꾹 참았을 뿐입니다. 사실 처음 있는 일도 아닌데 이상하게도 이번에는 명치끝에 무엇이 걸린 듯 내려가지를 않더라는 것입니다. 그 뒤부터 남편과 냉전 중이라는 것입니다.

정신분석가 비온(Wilfred R. Bion)은, 심리상담사는 자신의 욕망, 생각, 기억들을 모두 비운 상태에서 상담에 임하고 분석해야 한다고 조언합니다. 그러기 위해서는 내담자에게 오롯이 집중하여야 합니다. 들리는 것만을 듣는 것이 아니라 마음으로 듣는 것입니다. 내담자 마음의 울림을 들는 것이지요. 나는 그녀의 이야기를 들으며 그동안 억압해왔던 그녀의 자아가 흔들리고 있음을 느낄 수 있었습니다. 남편과의 마찰은 표면적인 이유일 뿐이지요.

"남편이 절 무시하는 것만 같고, 스스로도 너무 보잘것없는 존재 같아 자꾸 위축되어서… 이러면 안 되겠다 싶어 기분전환을 위해 등산을 시작했는데요. 그런데 그 산악회에서 만난 한 남자에게 자꾸 마음이 끌리는 거예요. 저 어쩌면 좋죠?"

높은 산을 함께 오르다 보면 호흡이 가빠지고 당연히 심장박동도 빨라지겠지요. 이럴 때 바위 위에서 이성이 손이라도 잡아끌어 주면 '흔들다리 효과'처럼 호감으로 받아들이게 될 수 있습니다. 아마도 M은 작은 친절에서조차 감정적인 위안을 얻었을 것입니다. 그만큼 M은 심리적으로 불안한 상태였으니까요.

미국 워싱턴대학교 페퍼 슈워츠(Pepper Schwarts) 교수의 연구에 따르면 바람을 피우는 이유가 무척 다양할 것 같지만 대부분 '성적' 이유와 '심리적 단절' 등 2가지 이유로 압축된다고 합니다. 사실 중년은 젊은이와 늙은이의 과도기입니다. 청년기의 특징과 노년기의 특징이 한 몸에 공존하는 시기인 셈인데요. 마음은 그렇지 않은데 몸이 조금씩 달라져 가는 것을 느끼며 대부분의 남자들은 자신의 사그라드는 젊음을 성적인 것으로 확인하려고 합니다.

반면 여자는 자녀 양육 등으로 결혼생활에 대한 웬만한 불만쯤은 참고 넘기다. 텅 빈 둥지 속에서 늙어가는 자신의 모습을 직면하게 되면서 마음이 조급해지기 시작합니다. 더 늦기 전에 내 삶을 조금이라도 보상받고 싶다고 말이지요.

달의 뒤편

'달(The Moon)' 카드가 그녀의 카드입니다. 달은 공전주기와 자전주기가 같아서 항상 같은 쪽의 얼굴만 보여줍니다. 뒤편의 얼굴은 볼 수가 없는 것이지요. 그래서 달을 무의식의 상징으로 봅니다. 그런데 두 개의 기

달
The Moon

둥 사이에서 개와 늑대가 달을 보고 짖고 있네요. 개는 인간이 길들인 늑대이지요. 개를 의식이라고 하면 늑대는 길들지 않은 본능이겠지요.

이 카드에서 중요한 것은 가재와 개와 늑대와 달의 구조입니다. 그녀는 달이 상징하듯 그녀 마음의 뒷면을 보고 있습니다. 그녀(가재)는 물결이 일렁이는 곳으로부터 기어 올라와 달의 힘에 끌려 걸어가고 있지만 개와 늑대가 상징하듯 이성과 본능 사이에서 심한 갈등을 겪고 있는 것이지요. 죄책감도 여기서 기인하는 것입니다.

다른 종류의 타로도 한번 살펴볼까요?

물가에 웬 남자가 있고 달빛 아래에서 여자가 다가오고 있습니다. 어

쩌면 남자는 아니무스(여성 속의 남성성)이고 여성은 아니마(남성 속의 여성성)일지도 모르겠습니다. 그녀가 억압했던 아니무스와 아니마가 무의식 속에서 걸어 나오기 시작한 것이지요.

과연 합일을 이룰 수 있을까요? 어쩌면 M의 문제는 산악회에서 만난 남자가 아닐 수도 있습니다. 그동안 억압해왔던 그녀의 자아가 흔들리기 시작한 것이지요. 그녀의 무의식이 말을 걸어오기 시작했다는 것입니다. 조금 복잡한 아니마와 아니무스. 우리는 살아가면서 자신의 양면을 주의 깊게 살피는 것이 필요할지도 모르겠습니다.

100세 시대의 중년

흔히들 100세 시대라고 하는데요. 100세 시대를 맞아 유엔이 작성한 생애주기별 연령지표를 보면 18세부터 65세까지가 청년, 66세부터 79세까지가 중년, 80세부터 99세까지가 노년이라는 것입니다. 그래서 중년을 제3의 나이라고 정의하며 삶의 진정한 의미를 누리고 정체성을 확립하며 개인적인 성취를 거두는 단계라고 영국의 학자 피터 라슬렛(Peter Laslett)은 정의하기도 했습니다.

또한, 중년의 뇌가 가장 똑똑하다는 사실도 속속 밝혀지고 있습니다. 남성은 50대, 여성은 60대가 뇌의 절정기라는 것이지요. 정보처리나 세부사항을 기억하는 정확도는 20대보다 다소 떨어질지 몰라도 판단력이나 종합력, 직관력, 통찰력 등에서는 훨씬 우수하다는 것입니다. 좌뇌와 우뇌를 모두 자유롭게 사용할 수 있다는데요.

어쩌면 아니무스와 아니마가 합일하는 시기, 이성과 감정이 조화를 이루어 진정한 자아를 실현할 수 있는 시기가 바로 40대 이후인지도 모르겠습니다.

각성의 나팔 소리

중년의 뇌를 지배하는 '통찰이나 직관'은 풍부한 경험을 바탕으로 마음과 머리가 합일할 때 발현되는 것이지요. 밑의 카드는 '심판(Judgement)'인데요. 제목은 '심판'이지만 죄의 유무를 따지겠다는 의미로 보이지는 않습니다.

심판
Judgement

웨이트 타로나 마르세이유 타로, 비스콘티 타로 모두 가장 중요한 오브제로 다루고 있는 것이 '나팔'인데요. 소리를 듣는 것이지요. 자신을 일깨우는 소리를. 그것은 내 마음의 소리일 수도 있고 하늘의 소리일 수도 있습니다. 그 소리는 깨달음의 소리입니다. 죽은 것 같던 영혼을 살리는 소리입니다. 그래서 각성의 소리인 것입니다.

나팔 다음으로 중요한 오브제가 사람들인데요. 사람들이 깨어났다, 새로운 깨달음을 얻었다, 새롭게 태어났다는 의미에서 부활, 재회, 구원, 보상, 마침내 도달함 등을 나타내기도 합니다.

중요한 것은 나팔이고, 나팔이란 바로 '깨달음'이며 그 깨달음을 통해 새롭게 태어난다는 것이 키 메시지입니다. 깨달음이란 반드시 통찰이나 직관의 프리즘을 수반해야 하는데 그러기에는 중년의 뇌가 가장 적절하다는 것이지요. 이 카드가 우리 중년들에게 앞으로 어떻게 살아가야 할지에 대한 메시지를 던져주고 있는 듯합니다.

옆에 나오는 '환영의 초월(Beyond Illusion)' 카드에서는 깨달음으로 거듭나는 경지를 보여주고 있습니다. 이마 가운데 촛불처럼 불타는 것은 차크라 중의 하나인 '아즈라 차크라'입니다.

우리 몸에는 영적인 에너지를 받아들일 수 있는 7개의 에너지 관문이 있는데 그중 '아즈라 차크라'는 두뇌의 송과선에 있는 것으로 영적인 능력으로 이어지는 통로라고 볼 수 있습니다. 깨달음 또는 영혼의 각성으

BEYOND ILLUSION

환영의 초월
Beyond Illusion

로 애벌레가 탈피해서 나비가 되는 것처럼 새 생명을 얻은 것이지요.

중년, 그것은 흔들리는 나이가 아닙니다. 20대의 왕성한 신체 활동이 스러져가는 것을 안타까워하며 섹스에 몰입하는 나이도 아닙니다. 직장과 가정, 역할에만 치중하는 나이도 아닙니다. 삶에 회의를 느끼며 소극적으로 변해가는 나이는 더더욱 아닙니다.

중년의 다른 말을 '후기 청년'이라고 하더군요. 지금까지 구축한 삶의 지혜에 아직까지 남아 있는 청년의 열정을 더해 새로운 후기 청년을 완성해가는 것이지요. 그러기 위해서는 도파민이 주는 일시적인 행복감을 추구하기보다는 자신의 정체성을 깨달으며 영적인 가치를 누릴 수 있어야 할 것입니다. 100세 시대, 이제 겨우 반환점을 돌았을 뿐이니까 말입니다.

)) ● ((

우리는 중년에야 비로소
신을 닮은 지혜와 이성과 기억력을 갖는다.

데이비드 베인브리지(David Bainbridge)/중년의 발견

물소리를 들으며

꽃은 물소리를 들으며 큰다
나무는 바람소리를 들으며 가지를 뻗는다

내 마음의 소리는 기도
비워내어 삶에게 물을 주는 순간

3

바람의 노래

ACE of SWORDS.

기체 상태인 공기(風)는 어디에나 있지만 그 존재를 느낄 수는 없다. 기류가 충돌할 때 우리는 비로소 비나 번개 등으로 그 존재를 느낄 뿐이다. 그래서 공기는 충돌하는 기류처럼 날씨나 환경 등을 나타낸다. 또한, 우리의 사고나 삶의 역경 등을 통해 존재를 드러내기도 한다. 당신의 기류는 어떤가? 날씨는 흐린가? 당신의 기분은 섭씨 몇 도인가?

나홀로
연가

　어둑어둑한 조명 아래 홀로 앉아 싱글몰트 위스키를 들이키는 남자. 그리고 생 초콜릿이 놓여 있는 테이블에서 창밖을 바라보며 모히토를 한 모금 음미하는 여자. 영화의 한 장면이 아닙니다. 요즘 위스키 바에서 흔히 발견할 수 있는, '혼술'을 즐기는 '혼족'의 모습입니다.

　편의점에 가면 햄버거에서부터 각종 도시락까지 '혼밥'을 위한 다양한 메뉴가 준비되어 있습니다. 독서실처럼 칸막이가 설치된 1인 라면집과 고깃집. 자판기로 식권을 발매하고 칸막이가 설치된 1인석에서 핸드폰을 보며 혼자 라면을 먹는 젊은이들. 연인들의 은밀한 데이트 장소였던 영화관마저 혼영족들을 위해 시설을 개편했다는 소식이 들리기도 합니다.
　혼술, 혼밥, 혼영, 혼여, 2018년에 이 글의 초고를 집필할 때는 팬데믹이 오기 전이었습니다. 그래서 혼술, 혼밥이 신기한 때였지만 이젠 코로나 시대를 지나면서 당연한 일이 되어버렸네요.

나노 사회

펜데믹이 오랫동안 지속되면서 우리 사회는 더욱 쪼개져서 나노 사회(Nano Society)가 되었습니다. 모든 산업들이 나노 사회에 맞춰 바뀌어 가고 있으며, 또래끼리도 취미나 취향들이 다양해져 대화 소재가 이전보다 더욱 세분화되었다고 합니다. 과거엔 '개그콘서트', '무한도전' 등의 프로그램을 보려고 TV 앞에 온 가족들이 모였고, 학교에선 친구들끼리 이야기를 나눌 수 있는 관심사들이 거의 비슷했지요. 하지만 지금은 각자의 취향과 취미가 많이 달라졌기 때문에, 현실에서 사람들은 주변 사람들과 공통 관심사를 나누기가 점점 더 어려워졌고 이에 따라서 개인주의도 더 심해지고 있습니다.

매슬로우(Abraham Maslow)는 인간은 누구나 다섯 가지의 욕구를 가지고 태어난다고 보았는데, 이 욕구들은 단계가 있다고 하였습니다. 그중에서 세 번째 단계인 소속 욕구에 대해 이야기해 보려고 합니다. 이런 나노 사회에서 사람들은 어떤 방식으로 소속 욕구를 채우려고 할까요?

덕질

자신이 좋아하는 분야에 심취하여 그와 관련된 것들을 모으거나 찾아보는 행위를 이르는 말. 네이버 국어사전에도 올려져 있는 덕질에 대한 풀이입니다.

'주접이 풍년'이라는 TV 프로그램이 있었습니다. 지금은 종방했지만, 그 프로그램에는 연예인, 그 연예인을 덕질하는 사람, 그리고 그들의 가족이 나와서 서로 대화를 주고받는 내용이지요. 가족들은 대부분 이해할 수 없다는 표정으로 덕질하는 사람을 바라보고, 덕질하는 당사자는 자신이 사랑하는 연예인을 처음 대면하고는 거의 쓰러질 듯 열광하는 프로그램입니다. 덕질이 하나의 문화 현상이 되다 보니 이런 프로그램까지 기획된 것이겠지요.

방탄소년단의 음악을 좋아하는 것을 넘어 그들의 행동이나 말투 하나하나에 열광하는 이들이 전 세계에 퍼져 있어 그 수가 대략 천만 명이 넘을 것으로 추산됩니다. 남성의 비율도 10%가 넘는다는 조사 결과가 나오기도 했지요.

또한, 팬데믹 시대에 떠오른 분야가 있지요. 바로 메타버스입니다. 메타버스는 쉽게 말해 현실 세계와 같은 사회, 경제, 문화 활동이 이루어지는 가상세계를 말합니다.

이 가상세계에도 아이돌이 있다고 합니다. 우리나라엔 '이세계 아이돌' 줄여서 '이세돌'이라고 하는 그룹이 2021년도 말에 데뷔했다고 하는데요. 심지어 데뷔와 동시에 다양한 음원 차트에서 1위를 기록했다고 합니다. 이들도 데뷔하기까지 수많은 이야기가 있었고, 함께 했던 팬들이 있었기에 1위를 할 수 있었겠지요.

우리는 왜 이렇게 덕질을 하게 되는 것일까요? 나이 불문, 국적 불문,

성별 불문. 오랜 기간 고민하고 관찰한 끝에 내린 결론은 우리는 살면서 진정한 '사랑'과 '관심'을 주고받아야 하는 양이 정해져 있어서 끊임없이 그 대상을 찾고 있다는 것입니다. 연예인에 대한 사랑과 관심은 이성적인 사랑만이 있는 것은 아닐 겁니다.

자녀에 대한 사랑, 이성에 대한 사랑 등등 여러 가지 감정이 포괄적으로 섞여 있으며 오히려 이성적인 사랑 그 이상의 감정이라고 말하는 것이 더 옳다고 할 수 있지요. 오히려 자녀를 키우듯이 '내 연예인을 키운다'라는 감정이 밑바탕에 깔려 있는 것 같습니다.

그래서 대중교통을 이용하는 어느 곳에나 걸려 있는 연예인 사진이나 생일축하 광고 등은 이젠 우리가 흔하게 볼 수 있는 광경입니다. 또한, 팬들끼리 정보를 공유하고 같은 연예인에게 응원하는 마음을 보내며 동질감과 유대감을 느낄 수 있다는 점도 중요한 것 같습니다. 같은 연예인을 좋아함으로써 나이, 성별, 국적을 뛰어넘는 우정을 쌓을 수 있는 것이지요. 특히 청소년 시기에는 부모님, 친구들과의 갈등이나 이해받지 못하는 마음들을 팬덤이라는 하나의 공동체 안에서 이해받을 수 있다고 생각하는 것이겠지요.

덕질은 팬이 연예인을 일방적으로 사랑하는 것일까요? 그것은 아닙니다. 직접적으로 체온을 느끼는 사랑은 아닐지 모르지만, 내 연예인의 고난과 역경, 그리고 극복하는 과정을 함께 겪으며 팬들도 위로하는 동시에 위로받고 성장해나갈 수 있지요. 이렇게 덕질은 스스로 만족할 수 있음과 동시에 같은 관심사를 가진 여러 사람 속에 나도 동참하고 있다는 소속감을 주는 것입니다.

덕질을 하는 이유에 대해서 조금이나마 이해하셨을까요? 하지만 무엇이든 과하면 문제가 됩니다. 연예인에게 보답하기 위해서 월급을 다 털어 앨범을 사거나 여러 연예인을 좋아할 수도 있는 것인데 한 사람만을 좋아해야만 한다고 생각하기도 하지요. 이런 것들은 극단적인 예시지만 실제로 일어나기도 합니다. 이렇게 우리에게 다양한 영향을 주는 덕질. 너무 과하지 않는 선에서 즐긴다면 정말로 우리 삶에 긍정적인 영향을 주지 않을까요?

화려한 싱글의 이면

'나인 펜타클(Nine of Pentacles)' 카드는 일명 '골드 미스' 카드로 불리는데요. 혼자지만 그녀는 무척이나 풍요롭고 여유 있는 삶을 누리고 있는 듯합니다. 그녀와 함께 놀고 있는 매는 지혜를 상징하며 손에 낀 장갑은 많은 훈련과 노력을 의미합니다. 이 여인이 즐기는 여유와 풍요는 노력의 결실임을 포도와 펜타클을 통해서 알 수 있습니다. 이런 삶도 꽤 럭셔리해 보입니다. 그러나 오늘 이야기하고자 하는 '혼족'은 조금 다른 듯합니다.

겉으로는 화려해 보이지만 '혼족'의 화려함 뒤에는 자신의 꿈에 닿을 수 없는 현실에 대한 자포자기 같은 심정이 숨어 있으니까요. 얼마 전 결혼이 깨진 내담자는 홧김에 외제차를 질렀다고 합니다. 월급을 대부분

나인 펜타클
Nine of Pentacles

저축한다 해도 10년 걸려야 간신히 아파트 전세 하나 얻을 수 있는 현실에 아예 결혼을 포기하고 대신 외제차를 질러버렸다는 것이지요. 한 치 앞도 알 수 없는 인생, 불확실한 미래 따위에 현재를 희생하지 말자는 생각이 들었다는 것입니다. 그래서 혼자 사는 것을 선택하고 꿈에도 그리던 외제차를 스스로에게 선물했다는 것이지요.

혼족이 늘어나면서 그들이 만들어낸 새로운 문화들도 눈에 띄는데요. 쉐어하우스는 각자의 방은 따로 있으면서 필요한 공간 일부만 공동으로 사용하는 거주 형태랍니다. 이를테면 세탁장이나 테라스는 같이 사용하는 것이지요.

혼자 여행을 하는 젊은이들이 많아지면서 '부분 동행'을 구하는 것도 보편화되어 있다는데요. 혼자 여행을 하다 특정 관광지나 공연만 동행을 하는 것이지요. 혼자 즐기면서 이따금 필요한 부분만 함께 하는 것. 이런 걸 일부에서는 '티슈 문화'라고 비난하기도 합니다. 티슈를 뽑아 쓰듯 필요할 때 일회용 관계로만 사용하기 때문이라나요.

혼족은 특별히 결혼을 해야 할 이유를 못 느낄 뿐만 아니라 집도 없는데 출산이나 양육은 더더욱 생각할 수 없고, 결혼해서 좋을 게 없다는 생각을 가지고 있습니다. 이들은 결혼으로 인한 안정감이나 행복감보다는 당장 잃을 게 더 많다고 합니다. 결혼함으로써 감당해야 하는 현실적인 부담과 손해가 크다는 것입니다.

이들이 두려워하는 '부담'과 '잃을 것'은 무엇일까요? 많은 이들이 손꼽는 가장 큰 이유는 경제적 부담입니다. 흥미로운 점은 '결혼하지 말아야 한다'는 비혼주의 여성이 두 배가 넘었다는 것입니다. 출산과 양육에 대한 심리적 부담과 경력 단절, 역할 가중 등 현실적 문제로 이어지기 때문인데 차라리 혼자 즐기며 살겠다는 것이지요.

일견 현실적이라는 생각이 들면서도 중요한 무엇인가가 빠진 듯한 생각이 드는 것은 왜일까요? 사람과의 관계를 포기하고 자신만의 행복을 추구하며 사는 혼족들, 이들의 모습 속에서 문득 신화 속의 뱀 우로보로

스를 봅니다. 스스로를 먹어치우고 그 영양분을 자양분 삼아 다시 피부를 재생시키고, 스스로 껍질을 벗어 새롭게 태어나는. 그것이 혼자 자가 발전하며 사는 오늘날 혼족의 모습만 같아 쓸쓸하기만 합니다.

고여 있는 물은 썩는다

어쩐지 '혼족'의 모습을 연상하게 하는 카드들입니다. '포 컵(Four of Cups)' 카드에서는 한 남자가 혼자 나무의 옹이에 기대앉아 있습니다. 우울한 표정도, 팔짱을 낀 자세도 뭔가 시들해 보입니다. 의욕도 없어 보입니다.

여기서 컵은 감정을 나타내는데요. 감정이란 흐를 때 증폭되는 법, 이 카드는 감정이 막혀 있습니다. 그것은 4라는 숫자가 주는 의미 때문이기도 합니다. 숫자 4는 네 개의 꼭짓점이 만나 사각형을 이루는데요. 이것은 제도나 구조를 나타냅니다.

자기감정에 빠져 있다 보니 주변을 못 보는 것이지요. 감정이 제도 속에 갇혀 있다 보니 시들하고요. 고여 있는 물은 썩는 법인데요. 사회라는 구조 속에 감정이 갇혀 있다 보면 주변에서 아무리 좋은 선물을 주어도 받을 수 없는 것이지요. 반대로 흐르는 물은 감정이 어딘가에 갇혀 있지 않은 것을 의미합니다. 물이라는 오감이 흘러 연꽃을 피게 하는 '에이스 컵(Ace of Cups)' 카드는 이를 상징적으로 잘 나타냅니다.

고인 물이 썩듯이 감정도 고여 있으면 부정적으로 변합니다. 부정적인 감정은 트라우마로 악화되고, 긍정적인 감정 역시도 부정적으로 변할 여지가 많기에 자연스럽게 시간의 흐름에 따라 흘려보내야 합니다. 예를 들어 첫사랑에 대한 좋았던 감정을 그대로 간직한 채 결혼생활을 하다가 현실 속에서 부부간에 의견충돌이나 말다툼이 생겼다고 가정해봅시다. 옛사랑에 대한 좋은 추억을 되살려 거기에 머무른다면 현실의 남편이 얼마나 더 미워질까요? 나아가 첫사랑과의 헤어짐을 얼마나 후회하게 될까요?

현재의 삶에 전혀 도움이 안 되는 감정은 물과 같아서 흘려보내는 것이 좋습니다. 지금 이 순간을 살기 위해서.

포 컵
Four of Cups

포 펜타클
Four of Pentacles

'포 펜타클(Four of Pentacles)' 카드에서는 가슴에도 머리에도, 그리고 발밑에도 펜타클 때문에 옴짝달싹할 수 없는 남자가 주인공입니다. 펜타클이 가진 의미 중의 하나로 물질을 나타냅니다. 여기서 물질이란 금전일 수도 있고 현실적인 문제들일 수도 있습니다. 나 자신에 대한 욕심이라고도 할 수 있겠지요. 정신적인 것보다는 실제적인 것을 의미하는데요. 그런데 남자는 그 물질을 꼭 쥐고 있군요. 이 정도면 남자가 물질을 소유한 것이 아니라 이 물질들이 남자를 억압하고 있는 듯합니다.

어쩐지 나 자신의 행복을 위해 혼자 밥을 먹고 혼자 영화를 보는 혼족의 모습이 오버랩됩니다. 자신의 행복을 최고의 가치로 추구하며 혼자 즐기는 것도 좋지만 그것이 '나를 위한다'는 명목으로 자신이 자신에게 가하는 또 하나의 억압일 수도 있음을 알아차렸으면 합니다.

무엇이 정말 자신을 위하는 삶인지 한 번 돌아보았으면 합니다. 아무것도 놓지 못한다면 결국 아무것도 얻을 수 없을 테니까요. 감정이나 물질 모두 순환해야 한다는 공통점이 있는데 이 두 남자는 저수지처럼 고여 있다는 것이지요.

'삶'은 곧 '사람과의 관계'

'삶'은 '사람'이라는 글자를 축약한 것이라고 합니다. '삶'은 곧 '사람과의 관계'라는 말인데요. 이 세 카드는 삶이 왜 사람과의 관계인지를 잘 보여주고 있습니다. '쓰리 펜타클(Three of Pentacles)' 카드에서는 협업의 기뿜을, '쓰리 컵(Three of Cups)' 카드에서는 함께 나누는 즐거움에 대해 알려주고 있습니다.

숫자 3은 세 개의 꼭짓점이 만나 최초의 면을 이룬 도형인데요. 개별적이었던 꼭짓점이 서로 만나 삼각형이란 최초의 형태를 구축한다는 것, 너무 기적 같은 일이지요. 이것은 세 꼭짓점의 시너지를 통해 가능한 것인데요. 관계란 시너지이고 시너지란 곧 가능성입니다. 그 알 수 없는 미지의 가능성 때문에 삶은 살아볼 만한 가치가 있는 것이고요. 그래서 숫자 3은 통합, 또는 상호작용의 의미와 함께 최초의 완성을 나타냅니다.

쓰리 펜타클
Three of Pentacles

쓰리 컵
Three of Cups

파이브 펜타클
Five of Pentacles

그런데 '파이브 펜타클(Five of Pentacles)' 카드에서는 자신의 힘겨움에만 빠져 관계를 외면했을 때의 외로움과 결핍을 보여주고 있네요. 이 카드는 말합니다. 돌아보라고, 도움을 요청하라고, 옆을, 곁을 돌아보는 순간 서로에게서 은혜를 입을 것이라고요.

당신의 인스타 팔로워는
몇 명입니까?

혼자 밥을 먹고, 혼자 술을 마시고, 혼자 여행을 가는 당신. 요즈음은 페이스북에서 인스타로 옮겨갔다지요. 먹음직한 음식과 아름다운 여행 사진으로 무척이나 행복해 보입니다. 인스타 친구들은 앞다투어 '좋아요'를 누르고 당신은 수시로 댓글을 확인합니다. 그러다 '좋아요'가 두 자릿수에 못 미친다고 조용히 내용을 삭제해버리기도 합니다.

인스타 친구 8천 명. 유튜브 팔로워 8천 명. 그런데 이 숫자가 과연 당신 인간관계의 누적 총량일까요? 친구 수와 '좋아요'의 개수만큼 과연 당신은 행복한가요?

당신이 SNS에 그토록 민감하다면 한번 체크해 보아야 합니다. 사회적 고립감과 우울감에 시달리고 있을지도 모르니까요. 물론 코로나로 인해 우리의 현실은 고립되고 만남도 할 수가 없었지요. 코로나가 끝난 지금도 아주 자연스러운 일상이 되기도 했습니다.

좋은 음식과 럭셔리하게 보이는 곳은 자신도 방문해서 인증샷을 찍어 인스타에 앞다투어 올리는 시대. 남들에게 보여주기 위한 삶에 매달릴수록 내면의 공허감은 더욱 커지는 법! 현재 나의 마음에 귀 기울여 보기를 바랍니다.

고립감으로 높아지는 SNS 의존도

특히 인맥을 성공과 연결되는 중요한 자산으로 여기는 문화 때문에 우리나라는 대인관계 불안감이나 상호의존적 성향이 높아 SNS에 쉽게 중독될 수 있다고 하는데요. 남성보다는 여성이, 나이 든 사람들보다는 젊은 층이, 내향적인 사람보다는 외향적인 사람들이 더 중독 가능성이 높다고 합니다. 근래에는 나이가 든 분들이 유튜브를 보는 분들이 부쩍 많아졌다고 합니다.

사회가 극도로 개인화되면서 우리는 외로움과 공허함을 SNS에서 충족하고자 하는 것이지요. 실시간으로 언제 어디서나 다른 사람들과 쌍방향으로 연결되기 때문에 SNS는 비록 가상현실 속이긴 하지만 실제 삶 속에서의 대화 단절을 쉽게 잊어버리게 해주니까요. 어떤 때는 익명 속에서 더 자유롭게 대화할 수도 있고 말이지요.

작년에 상담을 왔던 중년의 여성은 SNS를 통해 알게 된 어느 남성분에게 자신의 나이보다 20살을 적게 말하고 동생의 젊은 날의 사진을 보내고 싱글로, 즉 가상의 존재로 자신을 속였다고 합니다.

댓글로만 대화를 거의 8개월간 하다가 통화를 꼭 한 번이라도 하자는 것을 거부할 수 없는 상황에 다다르자 여동생에게 털어놓으며 도움을 요청하다 자매가 의절하는 지경에 이르렀다고 합니다. 물론 그 남성과도 가상현실 속의 존재이니 끝이 났지만, 그 여성의 문제는 가상현실에 대한 착각에 스스로 빠져 있다는 것입니다.

나는 그녀가 많이 안쓰럽고 안타까웠습니다. 그녀의 마음속에서 소리치는 그것은 외로운 그녀의 허상입니다. 그녀는 외로운 것입니다. 내 말을 끝까지 들어주고 진짜 내 속내를 털어놓을 수 있는 단 몇 명의 친구. 그런 친구를 필요로 하는데도 친구를 만드는 방법을 모르는 것 같았습니다. 행복을 주는 인간관계란 '양'보다 '질'일 테니까요.

그런데, 그런데 말입니다. 우리가 SNS에 몰입하는 이유가 그게 전부일까요?

어쩌면 우리는 좀 더 근본적인 대화가 필요했던 것은 아닐까요? 심리치료에서도 자기표현은 가장 중요한 치료 수단입니다. 자신의 내면에 있는 감정을 솔직하게 표현할수록 스트레스는 사라지고, 문제를 해결할 수 있는 합리적인 이성이 힘을 얻을 수 있기 때문에 우리에게는 자기표현의 매체가 반드시 필요합니다. 우리가 누군가와 대화를 한다는 것은 어쩌면 내 이야기를 하기 위해서입니다.

'여가적 기능에 대한 연구'라는 논문에서도 사람들은 대화, 특히 자신이 주도권을 가지고 자기의 뜻을 전달한 대화를 가장 재미있고 보람 있는 시간이었다고 말하고 있습니다. SNS는 그런 의미에서 나를 표현하기 좋은 매체인 것은 확실합니다. 내가 중심이 돼서 내 이야기를 하고 언제든 들어 왔다가 언제든 나갈 수도 있습니다. 얼굴을 마주하면서 대화하지 않으니 심지어 마음에 들지 않으면 차단해버리면 그만이니까요.

그런데 이 대화마저 변질되기 시작한 거지요. SNS에 올리는 삶이 어느 순간부터 사람들이 '좋아요'를 누를 수 있는 삶의 모습만을 보여주기 시작하며, 자신의 가장 좋은 모습과 밝은 모습, 제일 멋진 모습만 편집하기 시작한 것이지요.

'나인 컵(Nine of Cups)' 카드에서는 전리품을 과시하며 만족해하는 남성이 등장합니다. 물론 컵은 감정을 나타내므로 정서적 뿌듯함을 뜻하는데요. 일반적으로 이 카드는 원하는 것을 성취한 후의 만족감, 성공 등을 나타냅니다. 행운의 카드이지요.

그런데 팔짱을 낀 태도라든지 과시적으로 전시한 전리품들이 어쩐지 개운하지만은 않습니다. 남들에게 보여주기 위한 과시적 만족감처럼 보이지 않나요? SNS에 올라온 편집된 행복처럼 말이지요.

나인 컵
Nine of Cups

행복을 편집하는 사람들

오늘 내담자는 30대 직장인 이모씨입니다. 불금에 페이스북에 사진을 찍어 올리지 않으면 자신의 인간관계가 문제 있는 것처럼 보일까 봐일부러 술 먹는 장면을 연출해서 올리기도 한답니다. 페이스북을 보면 모두들 행복해 보이고 다들 잘 나가는 것만 같아서 말이지요. 그래서 얼마 전엔가는 하루 외제차를 렌트하기도 했답니다. 물론 번호판은 보이지 않게 찍어 사진을 올렸는데요. 다른 때보다 더 많이 '좋아요'와 함께 찬사가올라오는 것을 보며 으쓱하기도 했다는 것입니다.

하지만 페이스북에서 많은 시간을 보낼수록 점점 자신이 우울해지는 것만 같아 오늘 나를 찾아온 것입니다. 엄밀히 말하면 페이스북 때문에 우울한 것이 아니라 페이스북에서 타인과 비교하는 시간이 많아서 우울한 것이겠지요. 다른 사람과 자신을 비교하는 데 많은 시간을 보낼수록 우울증이 생기는 것은 당연하니까요.

)) ● ((

페이스북의 기능들은 자기 정보를 편집하고
타인의 인정을 갈망하게 만들었고 이는 우리의 자아정체성을 약화시키고
자기 가치감과 관련된 문제들을 양산하고 있다.

페이스북 심리학/수재나 E. 플로레스/책세상

플로레스는 포스팅의 반응에 따라 자기 가치를 규정하는 것이 심해지면 진짜 자신을 잃어버릴 수도 있다고 경고합니다. '페이스북에 무엇을 올릴지를 다른 사람들의 인정에 근거하여 결정하면 그들에게 당신의 행복을 결정하는 힘을 넘겨주는 셈'이라는 것이지요. 사전에서 가장 먼저 없어져야 할 단어 중의 하나가 '비교'라고 지적합니다. 비교는 우월감과 열등감을 가져오고 그 수직적인 논리가 바로 불행의 씨앗이라는 것이지요.

이 타로는 '비교(Comparison)' 카드입니다. 라즈니쉬는 말합니다.
"도대체 누가 당신에게 대나무가 참나무보다 더 아름답다고, 혹은 참

젠 타로

비교
Comparison

나무가 대나무보다 더 가치가 있다고 말했는가? 참나무가 이 대나무처럼, 속이 빈 몸통을 가지길 바란다고 생각하는가? 참나무가 더 크고 가을에 그 잎들의 색깔이 변한다고 해서 대나무가 참나무에 대해 질투를 느끼는가? 두 나무가 자기 자신들을 비교한다는 생각 자체가 우스운 것 같다."

그림자

융은 그림자라는 개념을 제시했었는데요. 그림자란 쉽게 말해 내가 수용하지 않고 마음속 어딘가에 버려뒀던 나의 부정적인 면이라고 할 수 있습니다. 요즘 사회는 계속해서 나의 부정적인 면을 수용하고 보완하기보다 계속해서 감추고 무시하며 좋은 면만을 보여주려 하는 것 같습니다.

이렇게 보여주고 감추는 것은 얼마나 힘이 들까요? 또 나의 부정적인 면을 들키지 않을까 얼마나 불안할까요? 부정적인 면 역시 나의 일부분인데 계속해서 거부한다면, 이 부정적인 면은 얼마나 속상할까요? "나도 돌봐주면 얼마든지 건강해질 수 있을 텐데…"라고 생각하며 속상해하겠지요.

융의 수제자인 폰 프란츠는 이렇게 이야기했습니다.
"자기를 무척 화나게 하는 다른 사람의 지적을 통해서 조금만이라도 자신을 돌아본다면, 자기가 지니고 있는 그림자의 특성을 조금이나마 알 수 있다"라고 말이지요.

우리가 오랜 세월 동안 억압하고 감추고 무시했던 우리의 그림자는 알게 모르게 우리에게 많은 영향을 주고 있습니다. 우리는 무의식의 그림자를 무시하거나 감추려 하지 말고 잘 돌봐야 합니다. 그렇게 좋은 면도 부족한 면도 있는 진정한 나를 받아들이고, 이게 진짜 나라는 것을 마음껏 보여주어요.

이것은 '거꾸로 매달린 사람(The Hanged Man)' 카드입니다. 사실 거꾸로 매단다는 것은 '형벌'을 의미하는데요. 뒷짐을 진 자세나 온화한 표정으로 보아 죄수의 분위기는 아니고 스스로 매달린 듯합니다. 그렇다면 이 남자는 왜 스스로 매달린 것일까요?

요가의 수행 방법 중 '헤드 트랩'이라는 것이 있답니다. 물구나무서기인데요. 직립해서 대부분의 시간을 보내는 우리는 중력에 의해 장기가

거꾸로 매달린 사람
The Hanged Man

한쪽으로 쏠릴 수가 있어서, 이 쏠림 현상을 헤드 트랩으로 바로잡아줄 수 있다는 것이지요. 또한, 뇌까지 산소가 풍부하게 공급되어 사고력과 기억력 등이 좋아진다고 하니 가끔 해볼 만한 수행법인 듯합니다. 머리에서 아우라가 빛나는 것은 깨달음을 얻었다는 의미겠지요. 손발을 결박했다는 것은 몸의 가치를 잠시 보류하고 정신적인 가치로 돌아보겠다는 의미이고요. 그러자 비로소 깨달음의 아우라가 반짝입니다.

거꾸로 매달린 사람

정신적인 깨달음의 상태에서는 세상 사람들의 시선이 그리 크게 문제 되지 않습니다. 사실 우리 몸은 정신과 육체로 이루어져 있습니다. 몸을 유지하는 데는 많은 시간과 노력을 기울여왔던 반면 상대적으로 우리의 정신을 챙기는 데는 소홀했습니다.

그래서 요즘 학생들이 평균 신장이나 외모는 튼튼해졌지만 정신은 오히려 유약해진 것도 사실입니다. 몸보다는 영혼이 아픈 사람들이 점점 늘어나고 있는 것도 사실이고요. 정신을 담는 그릇이 육체가 아니던가요. 우리가 먹고 마시고 몸을 치장하는 데 들이는 노력의 극히 일부분만 정신을 챙기는 데 들였다면 지금처럼 마음의 병이 많이 생기지는 않았을 텐데 말입니다.

'거꾸로 매달린 사람(The Hanged Man)' 카드는 말합니다. 이제 물질이 지배하는 생각을 내려놓으라고요.

인생도 '초기화'
할 수 있다면…

인맥 다이어트

비만이 무서운 것은 잉여 에너지 때문인데요. 특히 남아도는 지방은 혈관을 막아 혈액 순환을 방해하는 심혈관계 질병을 유발합니다. 당연히 심장에도 무리가 올 것이고요. 이처럼 과유불급은 순환을 방해합니다. 여기저기 퇴적암처럼 쌓여 썩어가며 독을 뿜어댈 뿐이지요.

한때 온라인에서 친구를 경쟁적으로 늘려가던 분들이 인간관계에 대한 피로감을 호소해오기 시작합니다. 친구 숫자를 늘리기는 했지만, 어느새 그 숫자가 관리해야 하는 짐이 돼버린 것이지요.

친구의 숫자는 많지만 정작 힘들고 지칠 때 연락할 만한 사람은 찾기 힘들고요. 인맥 관계를 유지하기 위해 쏟는 에너지에 비해 관계는 겉돌 뿐이었던 것이지요. 이런 형식적이고 피상적인 관계에 회의가 오는 것은 당연합니다. 그래서 아마도 '관태'라는 말이 생겨났을 텐데요. 관계와 권태를 섞은 합성어인 '관태'는 관계에 대한 권태감을 나타내는 말입니다.

그래서 요즘 '인맥 다이어트'가 유행하고 있는 것이지요. 최소한의 사람만을 남겨두고 나머지는 다 정리한다는 것입니다. 인맥 거지가 될지언정 말이지요. 어떤 설문조사 중 인맥 다이어트를 시도한 가장 큰 이유가 내 진짜 친구를 찾아내기 위해서라는 답도 그런 면에서 일견 수긍이 갑니다.

지난밤을 리셋하고 싶어

그녀는 30살 초반의 미혼 여성입니다. 어느 날 신문에서 리셋 증후군의 증상에 대한 글을 읽었다는데요. 꼭 자신의 이야기 같았다는 것입니다. "가입하고 있던 인터넷 사이트를 이유 없이 탈퇴하고, 필기를 하다 실수를 하면 수정하지 않고 종이를 찢어버리며, 새 직장에 가면 이전 직장 관련 전화번호를 다 지우는" 등의 행동들이 말이지요. 이 정도야 누구나 그럴 수 있겠다 싶었지만, 며칠 전의 일은 조금 증상이 지나친 것 같아서 내담했다는 것입니다.

그녀는 소개팅으로 만난 남자를 호감을 갖고 조금씩 알아가는 중이었는데요. 며칠 전 술을 과도하게 마시게 되면서 그 남자 앞에서 몇 가지 실수를 했다는 것입니다. 넘어지기도 하고 토하기도 하고요.

당시는 몸을 가누기 힘들어 그의 부축을 받기는 했지만 지난 밤의 기

펜타클의 기사
Knight of Pentacles

억이 떠오른 다음 날, 그녀는 그 남자의 전화번호를 핸드폰에서 차단해버렸습니다. 그가 싫어서가 아니라는 것입니다. 너무 창피하기도 하고 그런 추한 자신의 모습을 인정하고 싶지 않아서라는 것입니다. 그러면서 그날 밤 취한 자신의 모습을 자신의 인생에서 지워버리고 싶었다고 했습니다.

그런데 가만히 생각해보니 그런 식으로 관계를 정리를 한 것이 한두 번이 아니더라는 것입니다. 이것도 리셋 증후군이 아닌지 걱정된다는 것이 그녀의 고민이었습니다.

누구나 한 번쯤 그런 생각을 해보았을 것입니다. 일이 너무 잘 풀리지 않을 때, 버벅거리는 컴퓨터를 포맷하듯 모든 상황을 초기화해버리고 싶다는 생각 말입니다.

그러나 현실을 리셋한다고 해서 바뀌는 게 있을까요? 부정적이었던 결과가 긍정적으로 바뀔까요? '펜타클의 기사(Knight of Pentacles)' 카드처럼 잠시 말이 달리기를 멈춘 것뿐입니다. 잠시 수면 속으로 사라졌다고 해서 문제가 해결된 것은 아닙니다. 오히려 외로움, 소외감, 소통 부재 등이 가중될 뿐입니다. 일어날 일은 일어나고 가라앉았던 것은 떠오르기 마련입니다. 인생은 '운명의 수레바퀴'니까요.

운명의 수레바퀴

타로카드에서 '운명의 수레바퀴(Wheel of Fortune)' 카드는 10번이라는 아주 중요한 위치에 있습니다. 숫자 10은 10진법에서 '완성'을 의미하며 또 다른 '새로운 시작'을 의미합니다. 그래서 타로카드에서 10의 자리에 '운명의 수레바퀴' 카드가 온 것인데요.

수레바퀴는 말합니다. '끝'이란 없다고요. 끝이란 또 다른 시작일 뿐, 완성과 시작, 그 반복이 수레바퀴처럼 돌고 도는 것이 인생이라고요. 윤회라는 것도 '순환'의 또 다른 이름일 뿐입니다. 그렇다면 우리는 이 수레바퀴에서 영원히 내려올 수 없는 것일까요?

삶과 죽음이 맞물려 돌아가고 있는 바퀴의 4면에는 각각 4원소로 상징되는 동물들이 공부하고 있습니다. 인생이란, 삶과 죽음이 맞물려 돌아

운명의 수레바퀴
Wheel of Fortune

가는 수레바퀴지만 자기성찰(공부)로 그 내용을 풍요롭게 채울 수 있다는 뜻이지요.

타로에서는 이 인생의 수레바퀴에 대해 방법론적인 제시를 해줍니다. 라즈니쉬는 '운명의 수레바퀴'에 해당하는 카드를 '변화'라고 불렀는데요. 원의 맨 가장자리는 12궁도. 그다음 안쪽의 원은 주역 8괘. 한가운데에는 태극이 있고 태극 사이에서 동서남북 번개가 칩니다.

태풍이 원심력과 구심력으로 이루어져 있다는 것 아세요? 밖으로 나가려는 힘과 안으로 들어오려는 힘이 충돌하면서 태풍을 만든다는 것을요. 그대가 지금 혼란스럽다면 그대 안의 원심력과 구심력이 회오리를 일으키고 있는 것입니다.

카드를 한 번 자세히 보세요. 우주 삼라만상이 순환하고 있지만, 태극을 중심으로 순환하고 있습니다. 결국 12궁도 주역 8괘도 동서남북도 태극인 나를 중심으로 순환하고 있는 것입니다. 태풍이 칠 때 가장 고요한 곳은 한가운데 '태풍의 눈'입니다. 내가 바로 태풍의 눈입니다.

젠 타로

변화
Change

그대가 혼란스럽다면, 그대가 흔들린다면, 그대가 중심이 아니기 때문입니다. 내가 바뀌지 않으면 세상은 바뀌지 않는다는 것을 '태풍의 눈'을 통해 역설하고 있습니다.

현실을 리셋한다고 해서 문제가 초기화되는 것은 아닙니다. 오히려 지금 회피한 문제들이 더 큰 부피로 무장해서 돌아옵니다. 그대가 방치했던 눈물 한 방울이 태풍이 되어 돌아옵니다. 그대가 무심코 던진 말 한마디가 천둥이 되어 돌아옵니다.

지금 당신이 아픈 것은 과거에 당신이 방치한 문제가 다시 자신에게로 돌아왔기 때문입니다. 내가 문제의 중심이고 그 문제를 해결하는 것도 나라는 것을 반드시 기억하기 바랍니다. 인생은 운명의 수레바퀴이니까요.

하지만 문제를 해결하기에 앞서 꼭 해야 할 것이 있습니다. 바로 내가 중심이라는 것을 깨닫고, 문제를 해결할 힘을 회복하고 또 기르는 것입니다. 나라는 사람은 내가 생각하는 것보다 강하다는 것을 잊지 마시길.

웃는 게
웃는 게 아냐

)) ● ((

페르소나 - 쉽게 말해 진정한 나와 다른 모습으로
남들에게 좋은 모습을 보이기 위해 쓰는 '가면'이다.

우리에게 어디서나 자신감이 넘치고 초능력을 행사할 수 있는 그런 마스크. 아니 때와 장소에 따라 바꿔 쓸 수 있는 마스크가 있다면 더 좋을 것 같습니다. 연인의 사랑을 독점할 수 있는 마스크, 악당을 물리칠 수 있는 마스크. 그런데 오늘을 사는 우리에겐 자신의 감정을 숨기기 위한 마스크뿐인 것 같습니다.

오죽하면 '스마일 증후군'이라는 말이 생겨났을까요. 특히 항상 밝은 모습을 보여야 한다는 강박 때문에 화가 나거나 슬플 때도 무조건 웃는 이 증후군은 현대인들의 슬픈 가면을 단적으로 보여주는 듯합니다.

가면성 우울증

J는 최근에 아버지가 돌아가셔서 삼일장을 치렀는데요. 그녀 스스로 깜짝 놀란 것은 입관식 때조차 눈물이 나오지 않더라는 것입니다. 평소 아버지로부터 사랑을 독차지해온 그녀였는데도 사람들이 많은 데서는 눈물을 흘릴 수가 없었다는 것입니다. 오히려 생글생글 웃으면서 조문객들을 맞이했는데요. 그러면서 슬퍼도 우울해도 항상 웃고 있는 자신을 발견했다는 것입니다. 마치 미소가 얼굴에서 분리되는 것처럼 어색했다는 것이지요.

그녀는 조그만 중소기업에서 회사 대표의 비서직을 수행하고 있었는데요. 유난히 비즈니스 미팅이 많은 대표를 수행하느라 그녀는 의식적으로 늘 웃음을 머금고 있어야 했답니다. 그것이 습관이 된 것 같다는 것이었습니다. 그래서 사람들이 많은 데서는 늘 밝게 웃는 것이지요. 그 말을 하면서도 그녀는 또 밝게 웃고 있었습니다. 그 모습이 내게는 눈물을 흘리는 것보다 더 슬프게 보였습니다.

가면성 우울증, 일명 '스마일 마스크 증후군'을 처음 규명한 이는 일본 나쓰메 마코토(夏目誠) 교수였습니다. 자신의 솔직한 모습을 보여주는 것을 기피하면서 생긴 심리 현상인데요. 특히 자신의 감정을 억누른 채 고객을 대하는 감정노동자들에게 많이 발견됩니다.

자신의 감정과 다른 표정을 짓고 있다 보니 감정적 부조화가 초래되는 것이지요. 여기서 '감정노동자'란 감정을 관리하는 활동이 직무의

40% 이상을 차지하는 이라고 정의하고 있습니다. 그러나 사실 감정노동자뿐만이 아닙니다. 피상적이고 의례적인 인간관계 속에서 우리는 어쩔 수 없이 가면을 쓰고 사람들을 만나게 되고 그러다 보니 감정적 부조화가 초래되곤 합니다.

감정적 부조화와 관련해서 J 외에 C도 문제를 겪고 있습니다. C는 슬퍼해야 할 상황인데도 자꾸 웃음이 나온다는 것입니다. 게다가 웃음이 한번 터지면 잘 제어가 안 된다고 합니다. 그래서 오해도 받고 곤란한 상황에 처한 적도 여러 번이라면서 이 증상을 고치고 싶다고 온 것이지요.

영화 '조커'의 주인공인 아서 플렉에게서 나타나는 모습을 예로 들 수 있겠습니다. 이런 증상을 '감정실금(PseudoBulbar Affect: PBA)'이라고 합니다. 내면의 감정과 외부의 감정 사이에서 부조화가 생겨서 발생한 것이지요.

자기방어와 자기

'투 소드(Two of Swords)' 카드입니다. 하늘에 초승달이 떠 있고 물결도 여자의 불안한 마음처럼 일렁입니다. 앞에서도 살펴보았듯이 달이란 변화나 불안을 상징합니다. 수비학에서 보면 숫자 1은 존재를, 숫자 2는 최초의 타자를 의미합니다. 갈등이 출현한 것이지요.

그래서 여자는 두 개의 검으로 자신의 가슴을 가리고 있습니다. 두 가지 생각 사이에서 갈등하고 있는 것입니다. 아마도 내면의 감정과 외부

투 소드
Two of Swords

감정 사이의 갈등일 것입니다. 그런데 여자가 두 눈을 가리고 있습니다. 지나친 자기방어로 인해 현실을 못 보고 있는 것이지요.

우리가 우유부단하고 이중적인 면 때문에 곤경에 빠졌을 때 우리는 정확하게 이런 상황에 놓이게 됩니다. "손을 놓아버리고 머리부터 떨어질 것인가, 아니면 발을 놓아버리고 다리부터 떨어질 것인가." 그리고 다시 말합니다. "양쪽 모두 동시에 놓아버리는 것이 하나의 해법이 될 수 있다" 라고 말이지요.

인본주의 심리학자 칼 로저스(Carl Rogers)에 의하면 모든 사람에게는 성장과 성숙 등 긍정적 변화를 향해 가려는 내면의 경향이 있다고 합니다. 쉽게 말하면 '자기실현'이란 씨앗을 우리 모두 마음속에 품고 있다는 이야기인데요. 종교적으로 풀어보면 불교에서 말하는 '깨달음'이나 기독교에서 말하는 '부활'도 이 범주에 속할 것입니다.

자기라는 개념 속엔 '실재적 자기'와 되고 싶은 '이상적 자기'가 포함되어 있는데요. 이 두 자아 간에 차이가 많이 생길수록 우리는 더 불행하고 만족하지 못하는 사람이 되는 것이지요.

현대는 우리에게 수많은 역할을 요구합니다. 그러다 보니 우리는 '실재적 자기'와 '이상적 자기' 사이에 간극이 심해지며 진정한 '참된 나'가 누구인지도 모른 채 살아갑니다. 마음과 몸의 부조화, 내면과 외면의 부조화 속에서 나를 부정하며 수많은 나로 분열되어 가는 것이지요.

'투 펜타클(Two of Pentacles)' 카드의 남자처럼 마음과 몸을, 내면과 외면을, 이상과 현실을 저글링 하듯 조율하며 즐길 수 있다면 얼마나 좋을까요. 그러나 이상과 현실이란 뫼비우스 띠처럼 끝없이 맞물려 돌아갑니다. 현실인 줄 알았는데 이상이고요. 내면과 외면은 두 개가 아니라 하나라는 것이지요.

투 펜타클
Two of Pentacles

마음도 정기적인 청소가 필요해

요즘은 신경정신과를 젊은 친구들이 많이 찾는다고 합니다.

그러나 나이가 든 사람일수록 심리상담이나 치료를 받고 싶어 하지만 정작 상담을 결정하기엔 어려움을 느낀다는 것이지요. 아마도 심리상담이란 것을 정신 질환의 일종으로 보는 사회적 편견이 남아 있어서일 겁니다.

그러나 외국의 경우 한평생 심리상담사를 곁에 두고 심리적, 정신적 무게를 털어내는 분들이 많습니다. 집을 청소하듯 마음도 정기적인 청소를 해주는 것이지요. 이불 빨래를 햇볕에 말리듯 자신의 축축한 마음도 환기가 필요하고 소독이 필요합니다. 심리상담이란 자신의 마음을 들여다보는 일입니다. 자신이 왜 이런 행동을 하는지 마음을 파악하는 일입니다. 다리가 부러지면 정형외과를 찾는 것처럼 지금 내가 어떤 마음인지, 왜 이런 행동들을 하는지 아는 것은 대단히 중요합니다.

J는 올해 가장 잘한 일 중 하나가 바로 '심리상담을 받은 것' 같다며 밝게 웃습니다. 가면을 벗고 자신의 약점을 드러내는 순간 우리는 그 약점으로부터 자유로워질 수 있습니다. 성숙한 인간이 된다는 것은 그런 마음의 가면들을 벗겨내는 과정을 통해 가능한 일이겠지요.

자기계발서와
에너지음료 권하는 사회

부윰한 새벽. 이따금 헤드라이트가 비추는 길을 환경미화원이 청소하고 있습니다. 가로등이 하나둘 꺼질 때쯤 나타난 청년. 힘드시죠? 그의 손엔 박카스가 들려 있습니다. 한 번쯤 본 듯한 광고지요. 그 당시 우리에겐 박카스가 피로 회복의 유일한 음료였습니다.

그러나 현대 사회의 피로는 박카스 정도로는 해결이 되지 않는 듯합니다. 타우린에 고카페인이 다량 믹스된 새로운 에너지음료가 등장하기 시작했습니다. '레드불', '핫식스' 같은 이름을 한 번쯤은 들어보았을 것입니다.

번아웃 증후군과 MZ세대

"자신의 한계에 맞서는 도전을 시작하세요."

"한계라는 것은 자신이 만든 것에 불과합니다."

'박테리아적이고 바이러스적인 것과 맞물려 신경증적' 시대가 오고 있습니다. 우울증, ADHD, 공황장애 등 신경증적 병이 주된 병으로 등극할 것이고 이러한 병이 나타나는 원인으로 '성과 사회'와 함께 '과잉 긍정 마인드'를 강요하는 분위기를 꼽을 수 있습니다.

'성과 사회'에서 실패란 본인의 노력 부족으로 치부되기에 사람들은 과도한 노동을 통해서라도 자신의 한계를 뛰어넘으려 한다는 것이지요. 그러면서 '예스 위 캔'이 만들어낸 무한 긍정은 개인이 쓰러질 때까지 스스로를 착취하도록 한다는 것이지요.

우리는 자기계발서로 무엇이든 할 수 있다는 '과잉 긍정'을 다지고 24시간을 모두 열정으로 채우는 '과잉 기력'을 수혈하면서 살아남으려 발버둥치고 있었던 것이지요.

그래서 생겨난 현상 중의 하나가 바로 '번아웃 증후군'입니다. '번아웃 증후군'은 다 불타서 없어진다(burn out)고 해서 소진 증후군, 연소 증후군, 탈진 증후군이라고도 합니다. 미국 정신분석 의사인 허버트 프로이덴버거(Herbert Freudenberger)가 처음 쓴 심리학 용어인데요. 마음의 에너지가 다 방전된 상태를 의미합니다.

피곤하지만 쉴 수가 없는 그녀

G는 의자에 앉으면서도 습관적인 듯 긴 한숨을 내쉬며 "아이고 피곤해"라고 내뱉습니다. 화장기가 하나도 없는 얼굴엔 피곤이 덕지덕지 붙어 있습니다. 그녀는 몹시 피곤하지만 쉴 수가 없다는 것입니다. 사람들

이 일을 잘하는 자신을 좋아한다고 생각하고 있었으며, 일을 못 하면 사람들이 자신을 싫어할 것만 같아 늘 집에까지 일거리를 싸들고 다닌다는 것입니다.

게다가 거절을 잘 못 하는 그녀는 자신의 일뿐만 아니라 다른 사람들이 부탁한 일까지 떠맡고 있는 상황이었습니다. 사람의 시간과 능력엔 한계가 있는 법인데 잠도 자지 않고 자신을 혹사하니 성과가 좋을 리도 없지요. 그럴수록 그녀는 더욱 몸을 혹사합니다. 피곤한 몸을 통해서라도 자신이 최선을 다했다는 것에 대한 자기합리화가 필요한 것이지요.

무언가를 잘 하거나 뛰어나야 사람들이 좋아할 거라고 생각하는 사람들. 또 그래야만 자기 위치가 높아진다고 생각하는 사람들은 자신을 가만히 놔두지를 않습니다. 멍하니 있으면 불안하고 뭘 하지 않으면 미칠 것 같지요. 이런 사람들은 필사적으로 생산적인 활동을 계속하고 일을 벌입니다. 그러다가 심신이 고갈되며 번아웃 증후군에 시달리게 되는 것이지요.

과도한 책임과 억압

'텐 완즈(Ten of Wands)' 카드는 과도한 책임감에 대해 이야기합니다. 한 남자가 10개의 지팡이를 모두 껴안은 채 걸어가고 있습니다. 멀리 집이 보이기는 하지만 무사히 당도할 수 있을지는 모르겠네요. 같은 의미로 다른 카드에서는 훨씬 철학적으로 접근하고 있습니다. 제목이 '억압'인데요.

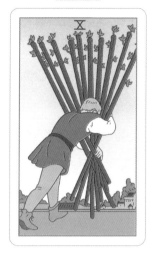

10
SUPPRESSION

텐 완즈
Ten of Wands

억압
Suppression

한 남자가 포승줄에 꽁꽁 묶여 있네요. 억압이란 개인적인 욕망을 책임 속에 꽁꽁 싸매는 것이 아니던가요. 그런데 제도를 상징하는 듯한 사각형의 방 밖으로 지열이 번지면서 땅에 금이 가기 시작합니다. 조만간 땅이 갈라지며 불길이 분출할 것 같습니다.

웨이트 타로는 '과도한 책임'으로 지친 모습만을 보여주었으나, 오른쪽 타로에서 억압된 욕망의 분출 방식도 보여주고 있습니다. 우울한 불꽃인 억압. 그러나 폭발성을 내재하고 있다는 측면에서 잠자는 화산으로 표현한 것이지요.

산스크리트어로 Alaya Vigyan(알라야 비그얀)이란 말이 있는데요. 하고 싶지만 여러 제약 때문에 할 수 없었던 것들을 쌓아두는 '의식의 방'이라는 뜻이랍니다. 젠 타로에서는 '억압'을 그 '의식의 다락방'으로 표현하고 있는 듯합니다. 억압 수준이 무의식에서 수용할 수 있는 한계를 넘어가면 그동안 억눌렸던 충동이나 욕구가 가스가 누출되듯 새어 나와 문제 행동을 야기하게 된다는 것이지요.

세상으로부터 잠시 한발 물러나기

그렇다면 지금 G에게 필요한 것은 무엇일까요?

'은둔자(The Hermit)' 카드를 권하고 싶네요. 하얀 수염을 기른 수도승이 설산 위에서 등불을 든 채 조심조심 걷고 있습니다. 길이 험하고 위험할수록 바로 발밑을 집중해야 하는 법이지요. 이럴 때 멀리 바라보면 오히려 더 위험해집니다. 그래서 이 카드는 외적 활동과 개인적인 관심사를 끊고 홀로 지내면서 자신의 참모습을 바라보라는 의미를 담고 있습니다.

『타로로 묻고 인문학이 답하다』에서도 밝혔듯 여기서 은둔자란 속세와 인연을 끊은 사람을 의미하지는 않습니다. 다시 세상에 나아갈 때를 기다리는 와룡(臥龍)이라는 것이지요. 세상으로부터 잠시 한발 물러나 자신을 정비하는 사람인 것이지요. 자신의 내면을 들여다보며 숙성의 시간을 가지라는 의미입니다.

은둔자
The Hermit

    우리는 우리 자신에 깊이 들어갈수록 성숙해집니다. 자신의 내면의 소리에 귀를 기울일수록 외부에서 일어나는 일을 더 잘 들을 수 있습니다. 자신을 사랑할 때 타인 역시도 진정 끌어안을 수 있습니다.

    그런 의미에서 타로카드는 우리 자신을 반사해주는 훌륭한 거울이라고 할 수 있습니다. 철학과 명상의 도구로, 개인의 내면을 투사할 수 있는 도구로, 훌륭한 심리학적 도구로 타로를 잘 활용하여 그대들이 자아 통합이라는 지혜에 이르기를 소망해봅니다.

울어야
산다

일본 도쿄에 울음방이 생겼다는 기사를 흥미롭게 보았습니다. 신주쿠 지역의 미쓰이 가든 요쓰야 호텔이었던 걸로 기억하는데요. 객실 한 개를 밤새 울어도 되는 여성 전용 울음방으로 대여한다는 겁니다.

객실 이름도 '레이디스 모더레이트 싱글(Ladies Moderate Single)'이랍니다. 실컷 울 수 있도록 최루성 영화도 준비해 놓았고요. 화장을 지울 수 있는 클렌징 도구들도 비치해 두었답니다. 특별히 눈물을 잘 흡수해 주는 고급 티슈는 필수고요. 울음을 그친 뒤 눈의 붓기를 가라앉혀주는 '스팀 아이 마스크'도 서비스한다고 하네요. 하루 묵는 데 1만 엔(9만 원) 정도라는데 저도 기회가 된다면 한번 가보고 싶다는 생각이 듭니다.

심리상담사인 나는 내담자들의 우는 모습을 많이 마주하게 됩니다. 그러나 나 자신을 위해서 울어 본 적은 별로 없는 것 같아서 말입니다.

'자연심리상담연구소'에서 많은 울음을 만납니다. 밝음 뒤에 숨겨둔 어둠을 애써 감추다 울음을 터트린 20대, 무기력으로 자신을 탓하던 30대, 결혼생활에 대한 회의와 남편의 무책임함으로 인해 삶의 위기에 봉착한 40대, 갱년기 우울로 대인기피증까지 생긴 50대, 상실과 이별을 맞이하며 제2의 인생 2막을 걱정하는 60대까지 그들이 흘린 뜨거운 눈물이 상담소의 유리창을 더욱 투명하게 합니다.

운다는 것은 좋은 징후입니다. 치유가 시작되었음을 의미하니까요. 그러고 보니 '자연심리상담연구소'가 울음방 같다는 생각도 드네요.

눈물은 왜 투명할까

그런데 눈물은 왜 투명한 것일까요? 마침 먼데이 키즈의 싱글앨범에 실린 '투명한 눈물'이라는 가사를 발견했습니다. 잘 모르는 가수인데 불의의 교통사고로 사망했다는군요. 그래서 미완성된 앨범으로 남은 곡인데요. "눈물이 투명한 이유가 마음이 녹아서 그런 거라고, 죽을 만큼 차가워진 가슴이 녹아내려 그런 거"라는 가사가 마음에 와닿습니다. 타로 카드에도 비슷한 그림이 있거든요.

차가운 얼음 속에 갇힌 얼굴 하나가 눈물을 흘리고 있습니다. 그런데 눈물방울이 무지개색이네요. 눈물에 희망이 있다는 의미겠지요. 얼음처럼 꽁꽁 얼어붙은 마음이 녹을 때 비로소 눈물이 흐릅니다.

눈물이란 내적 감정이 외부로 흘러나오는 것입니다. 꽁꽁 얼어붙었던 마음이 눈물로 흘러나오면서 분노도 화도 슬픔도 외로움도 함께 흘러나

고립
Ice-olation

옵니다. 그렇게 눈물은 감정을 순환시켜주며 또 감정을 조절해주기도 합니다. 눈물을 흘리면 마음의 생채기가 녹아내리고 가슴 깊숙한 곳에서 따뜻한 온기가 분명 느껴질 것입니다.

다이애나 효과라는 말 혹시 들어보셨나요? 1997년 영국의 전 왕세자비 다이애나가 교통사고로 숨지자 영국 전체가 눈물을 흘리며 애도했다고 하는데요. 이 기간 동안 놀랍게도 신경정신과 치료를 받으러 오는 사람이 크게 줄었다고 합니다. 전문가들은 이를 눈물이 주는 효과 덕분이라고 평가했습니다.

회사를 그만두고 싶어요

회사를 그만두고 싶다고 3명의 여자가 찾아왔습니다. 타로카드가 알려주는 대로 결정하겠다는 것이었습니다. 나는 함께 타로 상담을 하고 싶다는 그녀들을 굳이 떼어놓았습니다. 유난히 한 여성의 얼굴이 슬퍼 보였으며 문제가 심상치 않게 느껴졌기 때문입니다.

"너무 무겁네요. 삶의 무게가 왜 이리 힘들지요? 서른답지 않게…."

그 말에 울기 시작한 그녀는 심리상담이 끝나는 시간까지 울음을 그치지 않습니다. 직장을 오가며 유방암으로 투병 중인 엄마의 병간호를 했지만 한 달 전 기어이 엄마는 그녀 곁을 떠나고 말았습니다. 엄마를 떠나보낸 후 그녀는 심한 상실감과 무기력 상태에 빠졌습니다. 일을 할 수 없을 정도로요. 회사에 손해만 끼치는 것 같기도 하고, 함께 일하는 동료들에게 미안하기도 하고요.

그래서 회사를 그만두고 싶다는 것이었습니다. 회사를 그만두고 싶은 이유도 타인에 대한 배려 때문이라니 그녀의 고운 마음에 가슴이 먹먹해졌습니다. 상담하는 동안 눈이 퉁퉁 부은 그녀의 가냘픈 손목을 몇 번이나 잡아주었습니다.

상담사로 살아가면서 한 사람을 안다는 것은 한 사람의 생애와 만나는 일이며, 한 사람을 치유한다는 것은 그 사람의 전 생애를 받아들이는 것입니다. 그런 의미에서 심리상담사란 이야기를 들어주는 사람이고 눈물을 닦아주는 사람입니다.

심리상담이 '공감'이고 '명상'

내가 가장 순수해지는 때는 심리상담을 하는 순간입니다. 상담시간 동안 모든 것에 집중하여 내담자와 한 호흡이 되는 순간입니다. 마치 '컵의 여왕(Queen of Cups)' 카드의 그녀 같다고나 할까요. 이 카드에서 여왕

컵의 여왕
Queen of Cups

은 유난히 커 보이는 컵을 집중해서 들여다보고 있습니다. 아마도 심리상담에 임하는 모습이 이럴 것입니다. 오롯이 내담자의 마음을 집중해서 들여다보는 것. 오롯이 내담자에게 머무는 것. 그녀의 옥좌가 물에 잠겨 있다는 것은 내담자와의 감정 소통과 공감을 의미하겠지요. 사실 심리상담사인 내겐 상담이 공감이고 명상입니다.

단 1초도 상담을 진행하는 동안은 다른 생각을 해본 적이 거의 없는데, 다만 지금은 그녀에게 누군가의 도움이 필요한 때. 나는 상담을 마치고 일어나는 그녀를 한 번 꼬옥 안아주었습니다. 그녀를 안아주는 것이 나를 안아주는 일이기도 하기 때문입니다.

나와 그대의 간격

내가 생각하는 것
내가 말하고 있다고 믿는 것
내가 말하는 것

그대가 듣고 싶은 것
그대가 듣고 있다고 믿는 것
그대가 듣는 것

그대가 이해하고 싶은 것
그대가 이해하고 있다고 믿는 것
그대가 이해한 것

나와 그대 사이에 이토록 많은 잡음들
그래도 우리는 대화를 시도해야 한다

4

땅의 축제

ACE of PENTACLES.

4원소에서 흙(地)은 땅에서 수확물을 얻는 것처럼 물질화할 수 있는 모든 것을 뜻한다. 재화뿐만 아니라 물질, 응집력을 나타내는데, 타로 카드에서 흙은 펜타클의 모습으로 나타난다. 손바닥 위에 놓인 펜타클처럼 물질이란 소중하게 여길 때 그대 손안에 머문단다.

네 옷장을
보여줘!

　모처럼 휴일, 오늘은 마음먹고 대청소를 할 생각입니다. 타로 강의와 심리상담만 할 때는 그래도 여유가 있었는데 1층 카페와 연구소를 함께 운영하고부터는 집에 들어오자마자 그냥 쓰러져 자기 일쑤입니다. 그러다 보니 집 안이 말이 아닙니다. 먼저 옷장을 열어 봅니다. 산다는 것이 짐을 만드는 일만 같습니다.

　사서 일 년에 한 번도 입지 않은 옷, 살이 빠지면 입으려고 차곡차곡 접어 한 귀퉁이에 보관해 둔 옷, 이미 유행이 지나버렸지만 명품이라 차마 버릴 수 없는 옷, 언젠가 한 번쯤 화려한 모임에 나갈 때 입을 것 같아 남겨둔 옷, 지금은 유행이 지났지만 다시 유행이 돌아올 때를 대비해 챙겨 놓은 옷…. 그렇게 옷장 속은 입는 옷보다 입지 않는 옷들이 훨씬 많은 자리를 차지하고 있었지요.

내 옷장은 내 일기장이다

내가 좋아하고 즐겨 입는 옷 중의 하나가 천연 나염에 곡선이 부드럽게 떨어지는 옷인데요. 몸이 숨을 쉬는 것 같은 기분이 들기 때문입니다. 심리상담연구소 이름도 '자연'인 것처럼 자연스러운 것들을 좋아하는 취향이 반영된 것이지요.

어떤 옷은 입으면 편안하고 자신감이 생기는 데 반해 어떤 옷은 내 몸을 긴장시킵니다. 또 어떤 옷은 왠지 자신을 위축되게 만들기도 하지요. 그러고 보면 옷이란 제2의 자아인지도 모르겠습니다. '옷' 속에 나의 바람이나 기대, 욕구불만 등이 모두 담겨 있으니 말입니다.

그런 의미에서 '옷장'은 나의 무의식입니다. 그 안에 주렁주렁 걸려 있는 옷은 나의 욕망이고 상처입니다. 옷장을 정리한다는 것은 그런 의미에서 나를 돌아보는 일이기도 하지요. 심리상담이란 자각하지 못한 무의식을 의식화하여, 그 무의식에서 비롯된 갈등을 해결하는 것입니다. 그렇다면 입지도 않으면서 주렁주렁 걸어 놓은 저 옷들은 어쩌면 해결되지 않았거나 해결해야 할 욕망들일지도 모르겠습니다.

최근 구입한 옷은 주로 헐렁한 디자인입니다. 아마도 갑자기 불어난 살에 대해 무의식적으로 부끄러워하고 있었나 봅니다. 내 신체를 가리고 싶었던 것이지요. 그러면서도 몸매가 드러나는 예전 옷을 보관 중인 것은 젊었던 그 시절을 그리워하고 있는 탓입니다. 어쩌면 점점 고갈돼가는 연애 세포를 아쉬워하고 있는 것인지도 모르지요.

이렇듯 옷장은 단순히 옷을 보관하는 공간이 아닙니다. 그 시절을 그리워하는 마음이고, 야자나무가 크게 그려진 블라우스는 언제고 훌쩍 여행을 떠나고 싶은 욕망 때문입니다. 옷 속엔 그 옷을 입고 다녔던 추억이 서려 있고, 신발 속엔 그 신발을 신고 걸었던 장소에 대한 기억이 밑창처럼 붙어 있습니다. 어디서 누구와 함께 어떤 일을 했는지 우리 옷은 기억하고 있습니다. 아니, 그 옷의 주인인 내가 무의식 중에 기억하고 있는 것이지요. 당신이 입지도 않는 옷들을 계속 사고 있거나 보관 중이라면 그 옷 뒤에 감춰진 당신의 마음을 들여다볼 필요가 있습니다.

어머, 이건 꼭 사야 해

그녀는 꼭 붙는 레깅스에 헐렁한 박스티를 걸치고 있었습니다. 어디서나 흔히 볼 수 있는 옷차림이지요. 하지만 그녀의 입에서 나온 말은 의외였습니다. 드디어 신용카드가 정지되었다는 것입니다. 사실 월세도 밀린 상태고 조만간 수도도 전기도 끊길 것이라고 합니다.

그런데도 도저히 쇼핑을 멈출 수 없다는 것이었지요. 옷장 속에는 대부분 가격표도 떼지 않은 옷이 쌓여 있고 이러다 큰일 나지 싶으면서도 불안할수록 더욱 쇼핑에 매달린다는 것이었습니다. 불안과 초조함이 최고조에 달하면 물건을 구입합니다. 그러면 긴장감이 풀리는 듯해서 중독처럼 현실을 잊으려고 쇼핑을 하게 된다는 것입니다.

나는 그녀의 이야기를 들으며 고개를 끄덕였습니다. 충분히 가능한 일이거든요. 쇼핑을 하면 우리 두뇌 중 변연계가 자극되어 도파민이 분비됩니다. 그래서 불안감이 일시적으로 사라지고 만족감을 얻게 됩니다. 실제 강박증 쇼핑 중독자들에게 도파민을 투여해서 쇼핑 장애를 조절했지만 도파민 투여를 중지하자 다시 원상태로 돌아왔다는 사례도 있습니다.

근본 치료는 역시 마음 치료입니다. 그녀의 쇼핑은 결핍감 때문입니다. 그래서 허한 마음을 채우기 위해, 또는 잠시나마 불행한 현실을 잊고 싶어 쇼핑으로 현실 도피를 하는 것이지요. 그녀가 지닌 결핍감의 원인을 찾는 것이 중요합니다.

나는 먼저 그녀에게 옷장을 열어 입을 옷과 팔 옷을 나눠보라고 권유했습니다. 옷을 팔아서 밀린 공과금도 해결하고 그녀 옷장도 정리하자고요. 그리고 그녀가 왜 입지도 못할 옷들을 사 모았는지에 대해 한번 생각해보기로 했습니다.

그녀는 자신이 뚱뚱해서 남친이 떠났다고 생각하고 있었습니다. 계속 다이어트에 도전했지만 번번이 실패하던 그녀는 장식이 많은 옷이나 몸매가 잘 드러나는 옷들을 사 모으기 시작했던 것입니다. 그러면서 정작 외출할 때는 헐렁한 면티에 레깅스를 입고 있습니다.

그녀는 외로움 때문에 쇼핑을 한 것입니다. 그녀는 희망을 쇼핑한 것입니다. 반짝이 원피스를 입고 수술이 달린 앵글 부츠를 신고 애인과 팔짱을 끼며 오솔길을 걷고 싶었던 것입니다. 그래서 보상심리로 끝없이 연애의 환상을 사서 모았던 것이지요.

게슈탈트(gestalt) 심리치료라는 말을 혹시 들어보았는지요?

독일 출신의 유대계 정신과 의사인 프리츠 펄스(Fritz Perls)에 의해 창안된 심리치료인데요. 게슈탈트란 현재의 자신의 욕구나 감정은 그냥 생긴 것이 아니고 과거의 어떤 동기에 의해 만들어진 결과라는 것입니다. 다시 말하면 사람들은 자신의 내면에 미해결과제들을 안고 있는데 이 미해결과제가 강력하고 많을수록 과거의 일에 더 집착하여 현재에 전념하지 못하게 된다는 것입니다. 가령 현재 가장 많이 떠오르는 생각이나 감정이 가장 많은 부담을 느끼는 미해결과제일 수 있다는 것이지요.

그녀가 자꾸 옷을 사들이는 것은 미해결된 연애 때문입니다. 정확히 말하면 현재 그녀의 문제는 과도한 쇼핑도, 그것으로 인한 경제적 파탄도 아닙니다. 미해결된 연애에 대한 상실감이 그녀의 현실을 빼앗아간다는 것이 가장 큰 문제인 것이지요.

그렇다면 우리는 자신의 미해결과제를 어떻게 해결할 수 있을까요? 게슈탈트 심리치료에서는 '지금-여기(Here and Now)'를 알아차리는 것이 중요하다고 말합니다. 내가 왜 장식이 많은 옷이나 몸매가 잘 드러나는 옷들을 사 모으는 것인지 그 이유를 자각하는 것입니다.

'지금-여기'를 알아차리도록 도와준다는 점에서 심리상담과 타로는

과거에의 집착
Cling to the Past

비슷합니다. 다른 점이 있다면 타로카드는 풍부한 상징으로 이루어져 있다는 것입니다. 상징은 풍부한 상상력과 흥미를 유발합니다. 상상은 잠든 뇌를 깨웁니다. 그래서 내담자를 보다 적극적으로 상담에 참여하도록 하지요. 타로와 심리학의 공통점은 이렇게 내담자의 심리적 문제나 생활 속에서의 불편감에 대한 근본적 바탕을 알아차리도록 돕는다는 점입니다.

그녀의 상태를 타로는 '과거에의 집착'으로 보여줍니다. 그녀의 머릿속은 '과거'로 꽉 차 있습니다. 눈앞에 샴페인 잔이 가득 차 있지만, 그녀는 '지금-여기'를 볼 수 없습니다. 과거에 갇혀 있기 때문입니다. 여기저기 기워진 그녀의 남루한 옷을 보세요. 과거 때문에 현재의 그녀는 거지의 모습을 하고 있습니다.

그렇다면 그녀는 과거에서 어떻게 벗어날 수 있을까요? '탑(The

웨이트 타로

젠 타로

탑
The Tower

번개
Thunderbolt

Tower)' 카드가 그 길을 안내해주고 있군요. 성이란 에고입니다. 내가 스스로 쌓아 올린 토대입니다. 카드의 그림을 자세히 보면 성의 꼭대기에 놓여 있던 왕관이 불벼락을 맞아서 벗겨지고 있습니다. 여기서 왕관이란 내가 제일 중요하게 여기는 가치일 텐데요. 오늘 내담자에게는 '과거'가 곧 '성'일 수 있겠지요. 그것들이 외부의 힘에 의해 붕괴되고 있습니다.

여자와 남자가 탑에서 떨어지고 있는데요. 자세히 보면 떨어지는 것이 아니라 스스로 뛰어내린 것 같습니다. 무너져내리는 탑에서 마치 탈출하려는 것처럼요. 여기서 중요한 것은 '스스로'입니다. 스스로 탈출하지 않으면 조만간 무너질 탑과 함께 자신도 무너져 버릴 것이니까요. '스스로'는 '자각'에서 출발합니다. 그것이 바로 자신의 '지금-여기'를 알아차리는 행위이니까요.

왼쪽 카드가 웨이트 타로의 '탑(The Tower)' 카드입니다. 또 다른 타로에서는 '번개(Thunderbolt)'라고 이름을 붙였는데요. 여기서는 사람의 몸을 '탑'으로 묘사했군요. 내가 곧 견고한 탑이라는 뜻이지요. 번개 맞은 몸에서 나의 자아가 뛰어내립니다. 번개란 외부의 힘일 수도 있고 벼락 같은 깨달음일 수도 있겠지요. 중요한 것은 탑에서 벗어나는 것입니다.

너무 아플까 봐 피하다가 진짜 아픔의 늪에서 빠져나오지 못하곤 합니다. 있었던 일은 없어지지 않습니다. 그 아픔을 이겨내는 방법은 충분히 아파하고, 그 마음을 돌보는 것입니다.

우리는 불행한 현실을 거부함으로써 일시적으로나마 마음의 평안을 도모합니다. 사람들은 불행한 현실을 인정하지 않으려는 경향이 있습니다. 불행을 인정하면 자신이 너무 찌질하고 비참하고 무기력하고 볼품없다고 생각합니다. 나아가 뒤따라 오는 분노와 절망과 좌절감을 감당할 자신이 없어서 어디론가 회피하고 도망가고 없었던 일처럼 부인해 버립니다. 그렇게 해서는 불행이 사라지지 않습니다. 우리가 방어기제 중 '부정'이라고 부르는 것이 바로 이것이기도 합니다.

하지만 우리의 마음은 기계처럼 고장 난 부분을 바로바로 교체할 수 없지요. 불행한 현실을 인정하지 않게 되는 것은 자연스러운 일이니까요. 이럴 때 우리는 잠시라도 감당하기 힘든 현실에서 벗어나 힘들었을 우리의 마음을 진정시켜줘야 합니다. 충분히 진정시켜준 뒤 용기를 내어 현실과 마주해야 합니다. 충분히 진정이 된 우리는 자신이 생각하는 것보다 훨씬 강하다는 것을 잊지 마시길.

현재를 꽃피워라

우리는 '그때 그랬더라면'이라는 생각을 하며 과거의 미련에 사로잡혀 있기도 하고, 미래가 어떻게 될지 몰라서 아직 일어나지 않은 일로 걱정할 때가 많습니다. 가장 좋은 방법은 바로 '현재'를 사는 것이지만…

말이 쉽지 현재를 살아간다는 것은 정말 어려운 일이지요. 그렇기에 한발 물러나서 소중한 사람들과 시간을 갖거나 여행을 통해 자연과 더불어 힐링을 하는 것입니다.

현재를 산다는 것은 정말 어려운 일이기는 하지만, 어려운 만큼 좋은 일들도 많이 생긴다는 것을, 그리고 그 좋은 일들이 우리를 버티게 해주고 나아가게 해준다는 것을 명심하기 바랍니다. 심리상담이나 타로 상담의 목표는 모두 한 가지입니다. '지금-여기'를 행복하게 영위하기 위해서 돕는 일입니다. 혼자 하는 방법은 알아차리기를 연습하는 것입니다. 혹여 놓치면 다시 알아차려 돌아오기를 반복하는 것이 바로 예방과 치료입니다.

다이어트의
종말

〉〉●《《

당신이 무엇을 먹는지 말해 달라.
그러면 당신이 어떤 사람인지 말해주겠다.

브리야 사바랭

당신은 지금 무슨 음식을 먹고 있나요? 감정 상태에 따라 선택하는 음식도 달라진다고 하는데요. 장래가 희망적이라는 이야기를 들은 사람은 건강식품을 72% 선택했고, 암울하다는 이야기를 들은 사람들은 패스트푸드를 62%나 선택했다고 합니다. 또한, 우울한 영화를 본 사람은 초콜릿을 더 많이 섭취하고 즐거운 영화를 본 사람은 건강식을 더 많이 선택했다는 설문 결과도 있지요. 자신이 무심코 먹고 있는 음식이 현재 내 마음의 상태를 반영하고 있다는 것인데요.

혹시 지금 매운 것을 먹으며 눈물을 흘리고 있지는 않은지요? 매운 것을 선택했다는 것은 어쩌면 자신도 자각하지 못한 스트레스에 시달리고 있다는 뜻인지도 모르니까요.

당신의 이 허기는 어디에서 오는가

사실 이렇게 음식이 넘쳐난 것은 그리 오래된 일이 아닙니다. 200년 전만 해도 수많은 사람이 굶어 죽었습니다. 산업혁명과 함께 대량 생산이 시작되면서 먹거리도 풍부해졌는데요. 게다가 논밭이었던 일터가 산업화로 인해 사무실이나 공장 등과 같은 실내로 옮겨지면서 운동량이 줄게 되었고, 잉여 칼로리가 몸에 쌓이면서 비만도 시작된 것이지요.

그러나 지금 우리가 겪고 있는 과잉 칼로리는 운동 부족 이상의 문제를 안고 있습니다. 마음의 문제가 복잡하게 얽혀 있는 경우가 많은데요. 그중 하나가 마음의 공허를 음식으로 채우는 신경성 폭식증(bulimia nervosa)입니다.

오늘 내담자는 33살의 아리따운 아가씨인데 안타깝게도 5년 동안이나 신경성 폭식증으로 힘들어하고 있었습니다. 폭식을 한 후 토하기를 반복. 그녀의 몸은 표준형에 가까웠지만, 심리적으로는 자신이 몹시 뚱뚱하다고 생각하고 있었고 음식을 먹는 것에 심한 죄책감을 갖고 있었습니다. 그녀의 폭식은 무심한 말 한마디에서 비롯되었다고 합니다.

"곰탱이같이 게을러서 운동은 안 하고 어쩌려고 그러니?"

본인도 자신의 게으름을 자책하고 있었는데 엄마의 그 한마디가 오히려 그녀를 역행하도록 만들었다고 할까요. 그녀는 자학하듯 혹은 엄마에게 반항하듯 음식을 꾸역꾸역 밀어 넣었던 것이지요. 한꺼번에 많은 음식을 맛도 못 느끼면서 말이지요. 다 먹고 나면 금세 후회가 밀려오곤 했고 그래서 토하기를 반복했습니다. 토하는 것이 장기간 지속되면 산성인 위액에 치아가 마모될 수도 있습니다. 그래서 더 위험한 것이지요.

나는 그녀에게 먼저 상처를 준 엄마에게 자신이 얼마나 상처받았는지 말하라고 조언합니다. 엄마에게 화를 내라는 것이 아니고 자신의 감정을 솔직히 토로하라고 말입니다. 그녀의 경우 엄마로부터 갈망했던 인정 욕구가 좌절되자 심리적 허기로 발현된 것이지요. 폭식증에 걸리는 사람들의 경우 자기를 스스로 못살게 굴면서도 남의 도움을 받지 않으려는 공통점이 있습니다. 그럴수록 자신의 생각을 말할 수 있는 힘을 기르는 것이 필요합니다.

결자해지(結者解之)라는 말 들어보았는지요? 매듭은 맺힌 곳에서부터 풀어야 한다는 뜻인데요. 엄마로부터 비롯된 폭식증이기 때문에 거기서부터 문제를 풀어야 합니다. 그러면 나머지는 하나씩 저절로 풀립니다. 그것이 엄마와의 화해이며 나 자신과의 화해이기도 하니까요.

외모 때문에 손해 보는 사회

섭식장애에는 두 종류가 있습니다. 신경성 식욕부진(anorexia nervosa)

과 신경성 폭식증으로 지나치게 안 먹거나 과다하게 먹는 것이지요. 섭식 장애는 대부분 내면에 자리 잡은 화나 분노, 슬픔 등이 신경증으로 발전하여 음식과 관계되는 증상으로 나타납니다.

여성들이 압도적으로 많은 이유는 '외모지상주의'에 물들어 있는 사회 분위기 탓도 있습니다. 우리 여성들은 알게 모르게 외모에 대한 사회적 압력을 받고 있는 것도 사실이니까요. 최근 한 성형외과에서 '외모로 차별받거나 비난받은 적이 있나'라는 설문조사를 했는데요, 놀랍게도 전체 응답자의 94.5%가 경험한 적이 있다고 답했습니다.

또한, 한 구인구직 포털에서도 응답자의 62.5%가 '외모 때문에 손해를 본 적이 있다'라고 답했다는 것입니다. 외모가 스펙이 되어버린 사회에서 여자들은 자신의 가치를 높이기 위해서 목숨을 건 다이어트에 도전하는 것이지요.

근래에는 55사이즈 이상은 아예 만들지도 않는 브랜드들이 허다하며 같은 55사이즈도 실제 사이즈보다 작아 보입니다. 구매를 충동질하는 마네킹은 또 어떤가요? 여성 마네킹의 평균 몸매는 신체질량지수(BMI) 1~12 중 1에 해당한다고 합니다. 이 정도면 사회생활이 힘들 정도로 심각한 저체중 상태인데요. 비현실적인 미의 기준이 존재하는 한 우리 여성들은 모두 다이어트에 대한 강박증에 시달릴지도 모르겠습니다.

내 욕망은 타자의 욕망

'포 소드(Four of Swords)' 카드인데요. 마이너 카드에서 '검'은 4원소 중 공기를 상징하며 우리를 둘러싼 환경, 생각, 역경 등을 나타냅니다. 스테인드글라스가 보이는 것으로 보아 교회인 듯한데요. 벽면에 3개의 검이 걸려 있고 침상 밑에도 하나의 검이 누워 있습니다.

이 카드는 휴식 또는 치료를 뜻합니다. 사각형의 침상은 사각형이란 틀에 갇힌 사고를 뜻합니다. 그 사고를 내려놓고 잠시 휴식을 취하라는 뜻이지요. 휴식이란 몸이 쉬는 것만을 의미하지는 않습니다. 자신을 가

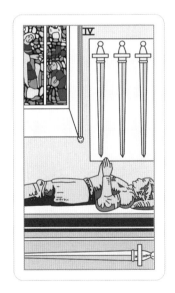

포 소드
Four of Swords

두어놓은 사고에서 벗어날 때 진정한 휴식을 취할 수 있습니다.

반드시 살을 빼야 한다든가, 무엇이 되어야 한다는 것. 그런 강박적인 생각들이 나를 지배할 때 나는 나 자신이 아닌, 나를 지배하는 생각에 휘둘리게 되는 것이지요. 가만 생각해보세요. 왜 살을 빼야 하는지, 왜 예뻐져야 하는지. 그것은 다른 사람들에게 잘 보이기 위한 것입니다. 엄밀히 말하면 다른 이들에게 반사된 나를 보기 위한 것이지요.

정신분석학자 라깡의 말처럼 인간의 욕망은 타자의 욕망이며, 자아(ego)는 원래 타자의 거울에 비친 자신의 환상, 즉 타자에 의해 매개된 이미지일 뿐입니다. 베르나르 베르베르의 말처럼 그래서 우리는 불행해지는 것이지요. 자신에게 필요한 것, 자신에게 즐거운 것을 망각하고 남을 위해서 또는 남에게 잘 보이기 위해 살기 때문에 불행한 것이라고 말입니다.

휴식도 마찬가지입니다. 우리 사회의 '열심히'는 자신의 일상이나 휴식까지 포기해가면서 무언가를 하는 것만을 의미하는 것 같기도 합니다. 여러분도 '내가 이럴 때가 아닌데', '내가 그럴 시간이 어딨어'라고 생각하며 자신을 몰아세우고 있지 않은가요? 하지만 곰곰이 생각해봅시다. 과연 그 생각은 내가 하는 것일까요? 아니면 지금껏 살아오면서 부모님, 선생님, 친구들에게서 들어왔던 다른 이들의 생각일까요?

194

심리학에서는 '자아 분화'라는 개념이 있는데요. 쉽게 말해 타인과의 적당한 심리적 거리를 둘 수 있으면서도, 나의 색깔을 잃지 않는 것을 의미합니다. 외부와 적당한 심리적 거리를 두고 있지 않다면 외부에 휘둘릴 때가 많을 테지요.

하지만 때로는 분명히 나를 위해서 쉬어줄 시간도 있어야겠지요. 열심히 노력했던 나를 위해서라도 타인이나 사회의 생각에서 벗어나 가끔은 진정한 나의 목소리를 들어주는 것도 꼭 필요한 일입니다.

그렇다면 휴식이란 무엇일까요? '별(The Star)' 카드에서는 휴식은 곧 회복이라고 말합니다. 이 카드에서는 회복을 자연의 상태로 돌아가는 것으로 보여주고 있는데요. 나신은 가장 자연적이며 가장 인간적인 상태, 즉 본연의 상태를 의미합니다.

그래서 여인은 두 개의 호리병에 있던 물을 다 쏟아냅니다. 두 개의 호리병 속의 물은 이성과 감정일 수도 있고 사랑과 욕망일 수도 있고 집착과 강박일 수도 있습니다. 나신의 여인은 두 개의 호리병에 있는 물을 버리고 있는 것입니다. 아니, 원래 물이 있던 상태로 돌려보내는 것입니다. 그러자 비로소 별이 빛나기 시작합니다.

별의 숫자가 8개인 것을 주목해서 보세요. 수비학에서도 숫자 8은 회복, 재생, 부활을 뜻합니다. 영적인 의미에서 8은 '신참자가 이니세이션의 일곱 단계를 통과해 도달하는 최종지점'을 상징합니다. 17은 1+7로 분

별
The Star

리해 볼 수 있으며 그 합은 8입니다. 8개의 별이 빛나는 비밀이 여기에 있습니다. 그중 가운데 별 하나가 태양처럼 빛나고 있는데요.

단식과 참회가 끝난 7일을 통과한 이후에 맞이하는 제8요일에 진정한 희망이 있다는 의미가 아닐까요. 너무 힘들다면, 너무 멀리 온 것 같다면 다시 처음 상태로 돌아가 보세요. 그 자리에 희망이 반짝이고 있을 것입니다.

'절제(Temperance)' 카드인데요. 어딘지 '별(The Star)' 카드와 비슷하지

절제
Temperance

요. 여기서는 미카엘 천사가 두 개의 컵으로 물을 옮기고 있습니다. 조금이라도 움직이면 컵의 물이 쏟아질 것만 같습니다. 그래서 온통 컵에 정신을 집중하고 있지요. 균형과 조화의 중요함을 이야기하고 있는데요. '별' 카드에서는 이 긴장감마저 놓아버리라고 말합니다. 그것이 휴식이라는 것이지요. 그래서 '별' 카드의 여인은 이 두 개의 물조차 모두 돌려보냅니다. 대지로, 원래 물이 있던 자리로요.

그런데 '별' 카드에서는 낮인데도 별이 떠 있고 언덕 위에도 푸른 생명의 기운이 넘칩니다. 진정한 회복이란 내 몸과 마음뿐만 아니라 나를 둘러싸고 있는 주변도 함께 회복시켜 주는 것이라고 말하는 듯합니다. 나만 제자리로 돌아오는 것이 아니라 나를 감싸고 있는 주변도 함께 회복될 때 그것이 진정한 '희망'이라고 말입니다.

내 마음을 놓아 줄 때, 내가 무엇이 되고자 스스로를 강요하며 몰아붙이지 않을 때 나는 원래 주인인 나로 돌아올 수 있습니다. 외모나 돈이 나보다 주인 역할을 할 때 우리는 불행해지는 것이지요. 이 카드 속에서 희망을 봅니다. 폭식증에 시달리던 그녀가 몸과 마음이 회복되어 어서 일상으로 복귀할 수 있기를 진심으로 기원합니다.

스트레스
비용

혹시 '시발 비용'이라는 말을 들어보았는지요? 지난 한 해 우리를 사로잡았던 신조어입니다. '시발'이라는 은어에 '비용'이 합쳐진 말입니다. 스트레스를 받지 않았으면 발생하지 않았을 비용이라는 뜻이지요. 쉽게 말해 '충동구매'인 것입니다. 예를 들어 스트레스를 받아 홧김에 고급 미용실에서 머리를 하거나 스트레스를 풀기 위해 혼자 다 먹지도 못할 떡볶이를 시킨다거나 하는 것이지요. 외롭고 쓸쓸한 마음 때문에 돈을 지출했다고 고백하는 이들도 있습니다.

그렇다면 왜 이런 비용을 지불하는 것일까요? '시발 비용'을 지불하는 마음을 가만히 들여다보면 일종의 보상심리가 작동함을 알 수 있습니다. 많은 돈을 지출할 수 없는 현실 때문에 소심한 소비로 자신을 다독이는 것이지요.

한 취업사이트의 조사에 의하면 성인남녀 80%가 스트레스로 인해 홧김에 돈을 쓰고 81%가 자신의 실수로 돈을 낭비했으며 71%가 외롭고 쓸쓸한 마음 때문에 돈을 지출했다고 고백합니다.

2030세대의 경우 돈을 한 푼도 쓰지 않고 모을 경우 서울에 평균 수준의 아파트 한 채를 마련하는 데 꼬박 12년이 걸린다고 합니다. 그것도 월평균 가처분소득이 '371만 원'일 경우에 말입니다. 그러니 취업해봤자 200만 원을 웃도는 월급밖에 못 받는 젊은이들일 경우 일찌감치 내 집 마련 따위의 꿈은 포기하고 눈앞의 현실이나 즐기자는 심리가 작동하는 것이지요.

인형을 사 모으다

요즘 부쩍 새로 오픈하는 '인형 뽑기' 집이 눈에 들어옵니다. 사각형 오락기 안에 든 인형을 집게로 집어 올리는 일종의 게임인데요. 천 원만 넣으면 비싼 인형도 뽑아 올릴 수 있다는 기대감을 심어주지요. 오늘 내 담자는 취업 준비생인데요. 인형 뽑기를 그만두고 싶은데 그럴 수가 없다고 고백합니다. 오늘도 딱 3번만 하고 그만두려고 했는데 첫 번째부터 인형이 뽑히자 기분이 좋아져서 주변 인형 뽑기 집을 모두 돌면서 가지고 나온 돈을 모두 써버렸다는 것입니다. 나는 그의 손에 들려 있는 2개의 인형을 보며 말했습니다.

"그 돈이면 더 많은 인형을 살 수도 있었을 텐데…"

그러자 그가 쑥스럽게 웃습니다.

"성취감이 안 느껴지잖아요."

그가 하는 '인형 뽑기'는 어쩌면 잘 풀리지 않는 현실을 손쉬운 성취감으로 대체하고 있는 것이지요. 우리 뇌에서 보상회로에 작용하는 도파민이 부족해지면 보상 결핍 증후군이 발생합니다. 그러면 다른 방법으로 보상을 충족하려고 드는 것이지요.

졸업 후 100여 통이 넘는 이력서를 쓰다 '인형 뽑기'에 맛 들인 청년의 모습에 마음이 아팠습니다. 3포 세대(연애, 결혼, 출산)에서 5포 세대(내 집 마련, 인간관계), 7포 세대(꿈, 희망)라는 말이 나올 정도로 어쩌면 이들은 출발부터 포기를 안게 된 세대입니다. 학교를 졸업하면서 학자금 대출로 빚쟁이가 된 채 여기저기 이력서를 넣지만 청년 실업률은 나날이 늘어갈 뿐입니다. 최근 청년 실업률이 16년 만에 미국을 추월했다고 하는데요. 앞으로 체감실업률은 점점 더 악화될 것으로 보입니다.

타로카드에 마침 '소비'라는 제목의 카드가 있네요. 왼쪽이 불 9번 '소비(Exhaustion)' 카드입니다. 한눈에 보아도 산만합니다. 남자는 기계 속에서 열심히 일을 하고 있는데요. 그럴수록 주변엔 물건이 적체되어 가고 있습니다. 조만간 한 평 남은 남자의 자리마저 내어줘야 할 듯합니다. 뭔

소비
Exhaustion

나인 완즈
Nine of wands

가 주객이 전도된 느낌입니다.

　열심히 일할수록 남자는 자신이 생산해 낸 물건들에 짓눌려갑니다. 어쩐지 이제 기계가 남자를 부리는 것 같습니다. 끊임없이 만들어낸 물건들 때문에 남자는 피폐해 갈 뿐입니다. 그러나 남자는 멈출 수 없어 보입니다. 자본주의의 소비적 본질을 그대로 보여주고 있네요.

　같은 의미를 웨이트 타로 '나인 완즈(Nine of Wands)' 카드에서는 막대를 든 남자로 표현하고 있습니다. 타로카드에서 지팡이는 불 또는 에너지를 상징합니다. 그 에너지가 8개나 남자의 등 뒤에 늘어서 있습니다. 그래서인지 남자는 에너지가 거의 고갈된 듯합니다.

하지만 남자는 마지막 남은 에너지를 곤추세우고 긴장을 늦추지 않습니다. 무엇을 갖는다는 것은 그만큼 피곤함이 동반되는 일인 것을 보여주고 있습니다. 우리가 마음이 허해서 구매한 것들이 오히려 우리의 짐이 되고 있는 것이지요.

'인형 뽑기' 같은 것은 순간적인 위안이며 왜곡된 보상일 뿐입니다. 설사 몇 개의 작은 '보상'이 주어졌다 해도 또 다른 좌절감과 실망감만 더해지지요. 근본적인 문제가 해결되지 않아서입니다.

인형을 뽑았다는 순간적인 만족감이 일시적인 안도감을 줄 수는 있지만, 정말 원하는 것을 성취하지 못했다는 것에 대한 회의감과 허탈감만 커질 뿐입니다. '인형 뽑기'를 하고 나서의 마음이 바로 이렇지 않을까요?

타로와 심리상담이 시너지를 발휘할 때는 바로 이런 경우입니다. 문제에 대한 원인 분석과 조언, 코칭과 솔루션이 필요할 때 타로와 심리상담은 환상적인 궁합을 보여줍니다. 의사들도 협진이라고 해서 서로 다른 분야의 의사들이 환자에 대해 진찰과 상태를 교환합니다. 내게는 타로와 심리상담이 그런 협진 시스템입니다.

타로는 상징이란 상상의 세계를 통해 삶 속에 내재되어 있던 것들을 알아차리게 하지요. 그리고 언어로 표현하는 과정에서 내담자가 몰랐던 무의식을 알아차리게 하고, 분리된 의식과 무의식의 벽을 낮추게 하는 것이지요.

씁쓸한 승리

'파이브 소드(Five of Swords)' 카드의 남자를 보세요. 전장에서 승리한 것 같지만 왠지 씁쓸해 보이지 않나요? 보기에는 승리를 한 것 같은데 마음이 씁쓸한 것은 아마도 진정한 승리가 아니기 때문이겠지요. 내면적인 만족감이 채워지지 않았기 때문입니다.

파이브 소드
Five of Swords

심리학에서는 '내적 보상'과 '외적 보상'이란 개념을 씁니다. '내적 보상'은 직접적인 대가가 있든지 없든지 간에 목적을 달성했다는 것 자체에 대한 내적인 만족감을 뜻하는 것이며 '외적 보상'은 예컨대 돈이나 음식 등이 주어지는 것을 통해 외재적 동기를 유발시키는 보상을 말합니다.

물질적 소비는 그만큼 대가를 치러야 하지만 그에 비해 만족감의 지속시간은 매우 짧습니다. 구매나 소비 같은 것으로 외적 보상심리를 충족하는 것은 '씁쓸한 승리'와 다를 바 없습니다. 요즘 '경험 소비'라는 말을 많이 하는데요. 무엇인가를 배우거나 실제로 경험하는 소비를 하는 것이지요. 그러면 '내적 보상'감이 커지며 경험을 통해 더욱 내면을 성숙시킬 수 있습니다. 습관이 운명을 바꿔준다는 말이 있습니다. 소비 습관을 바꾸면 조금 더 행복하고 풍요로운 삶을 누릴 수 있지 않을까요.

빌 게이츠는 왜 밤마다
설거지를 할까?

여기저기 쑤시고 아파 병원에 갔지만, 검사 결과엔 별 이상이 없을 때 흔히 하는 말이 있지요. 스트레스 때문이라고요. 스트레스의 어원은 라틴어인 stringer(팽팽히 죄다, 긴장)에서 비롯되었다는데요. 문득 뜨거운 압력밥솥이 떠오르네요. 나를 짓누르는 상황, 나를 억압하는 상황, 그래서 나도 모르게 내 몸으로 분노가 분출되는 상황이 바로 스트레스이지요. 그런데 '스트레스'란 말이 이처럼 대중적으로 널리 사용된 것은 그리 오래된 일이 아니랍니다.

실험 쥐를 다루다 발견한 스트레스

몸은 마음의 거울입니다. 마음이 아프면 여기저기 몸이 아픈 것으로 나타나곤 하지요. 이렇게 마음의 병이 육체적인 증상으로 발현될 수 있다는 것을 과학적으로 증명한 것은 1930년대쯤 일인데요. 새로운 호르몬을 발견하려던 한 젊은 과학자의 어설픈 실험 덕분이었다고 합니다.

당시 내분비학자였던 한스 셀리에(Hans Selye)는 옆 실험실의 생물학자가 동물의 난소에서 어떤 물질을 분리한 것을 보고 이것이 새로운 호르몬일 것이라 생각했습니다. 그래서 매일 쥐에게 이 추출물을 주사하며 변화를 관찰했습니다. 그 결과 쥐들에게서 부신(신장 바로 위에 있는 분비샘)이 커지고 면역 조직이 위축되고 궤양이 생긴 것을 확인하게 되었는데요. 셀리에는 이런 증상들이 분명 자신이 주입한 새로운 호르몬의 영향 때문일 것으로 생각했습니다.

그래서 대조군 실험을 통해 이 새로운 호르몬을 증명하려고 했지요. 셀리에는 추출물 대신 이번엔 묽은 식염수를 매일 쥐들에게 주입해보았습니다. 그런데 단지 묽은 식염수를 주사했을 뿐인데도 쥐들이 난소 추출물을 주입했을 때와 동일한 증상을 보이는 것이었습니다. 원인을 알아보니 실험 쥐를 다루는 데 서툴렀던 셀리에 때문에 쥐들이 매일 주삿바늘을 피하기 위해 도망을 치는 등 한바탕 소동을 벌였던 것이고, 이런 불쾌한 경험을 반복적으로 겪는 동안 쥐들이 이와 같은 신체변화를 초래하게 된 것이지요.

1936년 셀리에는《네이처》에 이 실험 결과를 짤막한 논문으로 발표합니다. '다양한 유해 자극으로 생긴 증후군'이라는 제목의 논문에서 "손상을 입히는 자극의 유형에 무관하게 전형적인 증상이 나타난다"라고 했으며 이를 '일반적응 증후군'이라고 명명했습니다. 그 뒤 셀리에는 이 증상을 '스트레스 반응'이라고 불렀습니다.

쉽게 말하면 스트레스란 위기에 처한 마음이 몸에 SOS를 타전하는 행위인데요.

만약 스트레스는 극에 달하는데 몸이 아프지 않다고 가정해봅시다. 우리가 과연 휴식이라는 것을 취할까요? 반면에 일하다가 과로로 쓰러지는 경우를 생각해봅시다. 쓰러지지 않았다면 우리의 몸과 마음은 잠시도 쉬지 못했을 것이고 그렇다면 쓰러지는 것만으로 끝나지 않을 수도 있습니다. 여기저기 아픈 증상으로 나타나는 이 신호는 생명체가 살아남기 위해 몸의 자원을 재배치하는 과정이기도 합니다.

심리학적 관점에서 셀리에의 실험은 인간의 정신과 신체의 상호관계를 증명했다는 점에서 매우 중요합니다. 스트레스가 단지 심리적인 문제가 아니라 실제 신체적 질병에도 직접적인 영향을 미친다는 것을 증명한 것이기 때문이지요.

마음이 보내는 SOS, 스트레스

영화배우 데미 무어(Demi Moore)는 '투나잇 쇼'에 출연해서 스트레스로 인해 앞니가 2개나 빠진 적이 있다고 말했습니다. 얼마나 스트레스가 심하면 이까지 빠지는 것일까요? 자신도 모르게 이를 악무는 것이지요.

심지어 수면 중에 이를 갈 수도 있는데 이것이 두통을 유발하고 턱관절뿐만 아니라 안면근육 통증까지 유발할 수 있다는 것입니다. 혹시 자신도 모르게 이를 갈거나 이를 앙다무는 버릇이 생겼다면 스트레스가 위험 수위에 다다랐다는 의미입니다. 그래서 몸에게 신호를 보내는 것이지요.

K는 회식 때만 되면 걱정이 앞선다고 했습니다. 샐러리맨의 회식이라는 게 대개 삼겹살에 소주 한 잔인데, 불판 위에서 지글지글 끓는 기름 냄새를 맡으면 역겨워 구토가 날 지경이라는 것이었습니다. 그녀가 처음부터 고기를 못 먹은 것은 아니었다고 합니다.

그녀가 초등학교 시절 외갓집에 갔을 때의 일이라고 하지요. 유난히 병치레가 잦은 그녀를 위해 할머니가 고기를 푹 고아 주었는데요. 당시 소고깃국인 줄로만 알고 먹었던 그 고깃국이 앞마당에서 그녀와 함께 놀던 개, 워리인 줄 알게 된 후부터였습니다. 어쩐지 개울가에서 개의 비명을 들은 것도 같았습니다. 그을은 연기가 올라오고 하루 종일 마을에서 노린내가 진동한 것도 같았습니다. 그날 밤 밤새 토사곽란을 일으킨 뒤부터 그녀는 고기를 못 삼키게 되었다는 것입니다.

그러나 말단 직원인 그녀가 고깃집을 거부하기란 그리 쉬운 일이 아닙니다. 괜히 까탈스럽게 보이는 것 같고 삼겹살에 소주 한 잔으로 회포를 푸는 동료들에게 민폐를 끼치는 것만 같았고요. 직장 생활을 계속하려면 고기를 먹든가 아니면 회식이 없는 회사를 골라 입사해야 할 판이라는 것이지요.

몸의 역습

'세븐 완즈(Seven of Wands)' 카드에서는 보이지 않는 6개의 지팡이들이 일제히 한 남자를 공격을 해오고 있는데요. 그렇습니다. 스트레스란 실체가 보이지 않는 공격무기입니다. 남자는 열심히 방어합니다. 남자 뒤의 절벽이나 짝이 맞지 않는 신발은 그의 절박하고 위급한 심리 상태를

세븐 완즈
Seven of Wands

여실히 보여주고 있습니다.

스트레스를 받을 때 우리는 극도의 두려움이나 불안, 숨막힘이나 흉통 등을 호소하는데요. 이런 지속적인 스트레스는 면역력을 저하시킵니다. 또한, 백혈구와 림프구의 증식을 억제하여 심각한 질병으로 이어지기도 하고요. 뇌의 해마가 파괴되어 기억력, 인지능력, 감정조절 등의 저하를 일으키기도 합니다. 중요한 것은 사람마다 스트레스가 다르다는 것이지요. 그래서 스트레스를 어떻게 해석하고 대처하는지가 중요합니다.

다시 한번 카드 속의 남자를 볼까요. 남자는 모든 막대를 제압할 수 있는 유리한 위치에 있습니다. 게다가 하늘도 청명합니다. 스트레스는 스스로 극복할 수 있는 것임을 보여주고 있는 것이지요.

심리학자 라자루스(Richard Lazarus)는 말합니다. 우리에겐 '예측시스템'이 있다고요. 그래서 스트레스 조절이 가능하다고요. 가령 화상 경험이 있는 아이는 불을 보면 멀리하거나 몸을 움츠림으로써 자신을 방어합니다.

이처럼 학습된 경험으로 미리 위험에 대비하려는 '예측시스템'이 우리에게 있다는 것인데요. 스트레스도 그중 하나라는 것입니다. 학습된 경험을 통해 비슷한 위험이 감지되면 신체적 통증으로 위험을 미리 알려주는 것이 스트레스라는 것이지요. 스트레스를 이렇게 '예측시스템'의 작동으로 활용한다면 오히려 스트레스를 극복하는 데 도움이 되지 않을까요?

　웨이트 타로의 '세븐 완즈(Seven of Wands)'를 젠 타로에서는 '스트레스(Stress)'라는 이름으로 코믹하게 형상화하고 있습니다. 광대처럼 보이는 남자가 허공의 공 위에 올라가 춤을 추고 있습니다. 손이 몇 개인가요? 4개 정도는 되는 듯한데요. 공중에 떠 있는 7개의 촛불이 떨어지지 않도록 계속 손을 놀리며 다른 한 손으로는 원숭이의 목줄을 잡고 있습니다.

젠 타로

스트레스
Stress

입으로는 볼이 터져라 나팔을 불어댑니다. 그런데 다리도 3개네요. 한 발은 공 위에, 다른 한 발로는 공을 굴리며 또 다른 한 발로는 춤을 춥니다. 그야말로 정신이 없습니다.

그런데 보세요. 원숭이가 날카로운 핀으로 남자가 서 있는 공을 터트리려고 합니다. 남자가 무언가를 지키기 위해 온몸을 동원하는 동안 정작 남자의 목숨은 엉뚱한 손아귀에 달려 있는 듯합니다.

이 카드에서 중요한 것은 남자와 원숭이의 관계입니다. 원숭이는 광대의 조련을 받은, 광대의 명령에 의해 움직이는 동물이 아니던가요. 당신이 온몸을 바쳐 무언가를 지키려는 동안 정작 당신의 명령을 받던 원숭이는 배반을 도모합니다. 여기서 원숭이는 우리 '몸'을 개체화하여 표현한 것인지도 모릅니다. 당신이 마음의 부담감이나 걱정거리에 한눈을 팔고 있는 동안 당신 몸이 당신을 역습하는 것이지요. 때로는 가벼운 두통에서 때로는 심각한 질병으로까지.

그러면서 산책을 가든 꽃을 사든 직접 스파게티를 만들든 중요하지 않은 일을 해보라고요. 우리가 아무리 걱정하고 고민해도 일어날 일은 일어난다는 것이지요. 이미 일어날 일에 대해 고민하고 걱정하지 말라는 것입니다. 일어날 일은 일어나게 내버려 두고 당신은 그저 당신 자신에 충실하면 된다는 것을요. 우리는 우리 스스로가 중요하다고 여기는 생각으로부터 우리를 놓아줄 필요가 있습니다.

마크 저거버그는 왜 매일 똑같은 회색 티셔츠를 입나?

그렇다면 우리가 보기에 고된 업무에 시달릴 것 같은 유명인들은 어떻게 스트레스를 풀고 있을까요? 혹시 성공했다는 의미가 스트레스를 잘 관리했다는 의미는 아닐까요? 이들의 공통점은 어떻게 스트레스를 풀 것인가보다는 어떻게 스트레스를 예방할 것인가에 더 집중했다는 것입니다.

제프 베이조스(Jeff Bezos) 아마존 CEO는 "스트레스란 자신이 통제할 수 있는 것에 대해 액션을 취하지 않은 데서 온다"라며 명료한 정신을 유지하려 애썼고 자신이 통제할 수 없는 상황을 줄이고자 노력했습니다. 그래서 규칙적인 삶의 패턴을 만들어 실천했는데요. 그중의 하나가 취침 시간은 8시간을 꼭 지켰다고 합니다. 집중력을 높여 통제할 수 없는 상황을 만들지 않기 위해서 말이지요.

트위터와 스퀘어 창업자인 잭 도시(Jack Dorsey)도 마찬가지입니다. 해야 할 것과 하지 말아야 할 것을 분명히 정해놓고 자신의 일상을 최대한 단순화했다고 합니다. 가령 하루 7시간 숙면할 것, 지각하지 말 것, 아침에 일어나 30분간 명상할 것 등을요. 그리고 요일별로 주제를 정해 일했으며 토요일엔 하이킹을 하고 일요일엔 반성과 피드백으로 다음 주를 준비했다고 합니다.

아인슈타인이 매번 같은 회색 양복을 입는 이유, 스티브 잡스가 검정 터틀넥만을 입은 이유, 마크 저커버그(Mark Zuckerberg)가 매일 똑같은 회색 티셔츠를 입는 이유도 이와 맥락을 같이 합니다.

예방을 한다고 해도 스트레스는 우리를 기습해오기 마련입니다. 스트레스가 발생하면 마돈나는 수시로 비명을 지르고 오프라 윈프리는 욕실에 들어가 내면의 작은 공간을 느낄 때까지 눈을 감고 숨쉬기에 집중했으며 미셸 오바마는 음악을 들으며 자전거를 타고, 브래드 피트는 레고 장난감을 조립하고 빌 게이츠는 설거지를 했다고 합니다.

이들의 공통점은 일상을 단순화시켜 스트레스 발생 상황을 예방하거나, 발생했을 경우에는 에너지를 온전히 자신에게 집중하는 것으로 극복한다는 점이지요. 스트레스에 시달리고 있다면 당신도 한번 실천해 볼 일입니다.

외로움마저
돈이 되는 사회

문득 낯선 골목을 걷고 싶은 날이 있습니다. 걷는다는 것은 잠자고 있는 또 다른 나를 깨우는 일이기도 합니다. 늘 걷던 길도 반대 방향으로 가다 보면 뒤집힌 풍경도 보이고 익숙한 풍경도 낯설게 다가옵니다.

골목은 얼마나 많은 소리를 품고 있을까요. 좁은 길로 흘러나오는 소리들은 사람 냄새를 품고 있습니다. 기침 소리, 울음 소리. TV 소리… 어둠 속에서 소리는 더욱 선명해집니다. 때로는 고양이 울음 소리가 별똥별처럼 어둠을 가르기도 합니다.

오늘의 주인공은 길고양이네요. 도시의 노숙자처럼 주린 울음으로 골목을 어슬렁거리고 있습니다. 어둠은 가장 숨기 좋은 방공호이지요. 내 발소리에 도망치는 고양이. 그들에겐 담과 지붕이 유일한 길입니다. 집고양이는 수명이 10년을 넘는다고 하지만 길고양이의 목숨은 고작 2년 정도 배고픔과 질병으로 짧은 생을 살다 가는 것이지요.

갑자기 발걸음이 빨라집니다. 우리 집에서도 고양이가 두 마리 기다리고 있기 때문입니다. 8살 '강'이랑 무섬에서 나와 인연이 된 5살 '섬'인데요. '섬'은 경북 영주에서 20분 정도 더 들어가야 하는 무섬 마을에서 민박을 하다, 마치 나를 기다리고 있었던 것 같은 녀석의 모습에 함께 서울로 동행한 것이지요.

사실 강을 입양할 때도 여러 생각을 했었습니다. 한 동물을 입양한다는 것은 그의 죽음까지 지켜본다는 의미가 아니던가요. 고양이가 자연사를 한다고 가정할 경우 그때 내 나이를 생각 안 할 수가 없지요. 어쩌면 생애주기로 보면 섬과 나는 비슷할지도 모릅니다. 웰-다잉을 함께 할 수 있는 그런 의미에서 우리는 동행을 하고 있다고 감히 말할 수 있겠네요.

고양이와 대화하다

고양이 얘기를 하다 보니 얼마 전의 내담자가 생각납니다. 결혼 몇 년 만에 이혼한 그녀는 외로움이 커 반려동물을 기르기로 했는데요.

이 고양이가 돌아가신 자신의 엄마와 성향이 너무 비슷하더라는 것입니다. 깔끔하고 조용한 것이 엄마의 단아한 성격을 그대로 빼닮은 듯했고 심지어 식성도 비슷한 듯했습니다. 고양이를 볼 때마다 자연스레 엄마를 떠올리게 되더라는 것이지요. 윤회설을 믿지는 않지만 심지어 엄마가 고양이로 환생해 지금 자신 곁에 머무는 듯했습니다. 나 역시 반려동물을 키우는 사람인지라 충분히 이해가 되었지요. 그만큼 그녀는 외로웠던 것이지요.

정신분석에는 '전이'라는 개념이 있습니다. 전이는 과거에 자신한테 중요한 인물에게서 느꼈던 생각이나 감정을 다른 이들에게서 느끼는 것을 말합니다.

그녀의 외로움이 엄마에 대한 그리움으로 고양이에게 투사된 것이지요. 어쩌면 엄마와 그녀 사이에 미처 풀지 못했거나 풀어야 하는 문제가 아직 남아 있을지도 모르니까요. 엄마를 향한 심리적 죄책감이나 미안함 등이 깊숙이 자리하고 있는 것인지도 모르지요. 그녀는 고양이에게 보고 싶은 엄마를 투영하고 있는 것입니다. 아무도 없는 빈집에서 고양이에게 생전에 엄마에게 미처 하지 못했던 말들을 하고 있는 것입니다.

타로를 가지고 심리상담을 할 경우 카드를 통해 그들의 불편한 감정을 자연스럽게 외재화할 수 있습니다. 타로카드는 긴장을 이완시키고 라포 형성을 빠르게 하고 감정 표출을 훨씬 자유롭게 하지요.

이때 심리상담자나 타로 리더가 반드시 명심해야 할 것은 예언의 참된 목적과 의미에 대해 분명한 인식이 있어야 한다는 점입니다. 심리상담자와 타로 리더는 힘의 집행자나 권위자가 아닙니다. 심리적 변화와 자각을 이끌어내는 조력자임을 반드시 기억해야 합니다. 오늘 그녀와 마주 앉은 내가 할 일은 그녀가 좀 더 합리적인 사고와 객관적인 시선으로 현실을 볼 수 있도록 도와주는 일입니다.

다시 그녀의 이야기로 돌아가 보겠습니다. 늘 몸이 아팠던 엄마는 그녀에게 힘이 되어주질 못했습니다. 언제나 엄마는 돌봐줘야 할 대상이었던 것이지요.

그러나 엄마가 곁에 없자 비로소 엄마라는 존재 자체가 위안이었다는 것을 뒤늦게 깨달았다는 것입니다. 그러면서 엄마에게 더욱 미안해졌다고 합니다. 소풍날 몸이 아파 도시락을 싸주지 못했을 때, 결혼 당시 혼수조차 혼자 골라야 했을 때 아픈 엄마를 원망하기도 했지만, 그러나 지금은 이 세상에서 자신을 온전히 응원해 줄 '내 편'이 없어진 것만 같아 더욱 외롭다는 그녀.

엄마를 닮은 고양이가 우연히 그녀에게 온 것은 아니겠지요. 그녀가 마음속으로 엄마를 부른 것인지도 모르지요. 곁에 없지만, 그녀는 엄마와 대화하며 자신을 치유하고 있는 것입니다.

상처가 투명해지는 것이 치유

마침 젠 타로에 '치유(Healing)'라는 제목의 카드가 보입니다. 치유를 손으로 표현하고 있습니다. 엄마 손은 약손. 그 치유의 손이 머리를, 가슴을 만지고 있습니다. 진정한 치유란 몸과 마음을 모두 치유한다는 의미겠지요. 상처란 통증을 동반합니다. 상처를 드러낼 때 치유는 시작됩니다. 그래서 상처가 점점 투명해지는 것, 그것이 치유이겠지요.

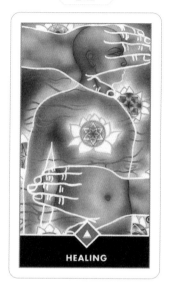

HEALING

치유
Healing

치유의 방법 중 하나가 회상입니다. 때때로 먼 과거가 현실의 나를 위로할 때가 있습니다. '식스 컵(Six of Cups)' 카드는 추억이나 회상처럼 소장하고 있는 가치로 되돌아갈 필요가 있음을 보여줍니다. 그녀는 상처받은 과거 속으로 돌아가 치유를 시작하는 것이지요. 과거를 치유하는 것은 곧 현재를 치유하는 것입니다. 그녀는 지금 과거의 엄마와 화해하고 있는 것이지요.

외로움을 달래주는 서비스

외로움이 개인 건강을 위협할 뿐만 아니라 사회적 문제가 되면서 외로움을 달래주는 서비스들도 많이 생겨났는데요. LA의 무명 배우 척 매카시(Chuck McCarthy)는 얼마 전 외로운 사람과 함께 걷는 서비스를 시작했다고 합니다. 1마일(1.6킬로미터)을 함께 걷는 데 7달러(약 9천 원) 정도라고 하네요.

커틀리스는 안아주는 서비스를 제공하는 기업인데요. 안아주기를 원하는 사람들에게 사람을 파견합니다. 1시간당 80달러(약 10만 원)를 지

식스 컵
Six of Cups

불하면 그 품에 안겨 잠드는 것까지 가능하다고 합니다.

일본에서는 무민 캐릭터 인형과 함께 커피를 마실 수 있는 카페가 인기랍니다. 1시간에 30달러(약 4만 원)만 내면 친구를 빌려주는 서비스는 이미 많이 대중화되어 있고요.

외로움과 홀로 있음은 엄연히 다른 것입니다. 곁에 누가 있어도 외로울 수 있지만 혼자 있다고 해서 꼭 외로운 것은 아닙니다. 빈 공간을 무언가로 채우려고 하는 것이 외로움이지요. 사랑에 실패했다고 해서 다른 사랑으로 채우려 한다면 또 다른 후회와 아픔을 동반할 수 있습니다. 대신 생명을 돌보기 바랍니다. 꽃과 식물도 괜찮고 반려동물도 괜찮습니다.

내가 돌봐야 할 존재, 나의 보살핌을 필요로 하는 생명, 내가 주는 사랑에 정직하게 반응하는 동물들과 교감을 하다 보면 외롭고 허기진 당신 속에서 서서히 사랑이 피어남을 느낄 수 있을 것입니다. 그 사랑이 당신의 상처를 치유해 줄 것입니다.

우울증을 앓는 친구들에게 내가 하는 처방 중의 하나가 먼저 작은 화분을 사라고 합니다. 화분에 물을 주고 잘 돌보면서 나를 필요로 하는 생명이 있다는 것을 느끼기 시작합니다. 누군가 나를, 나의 손길을 필요로 한다는 것이 우리 존재의 이유와 연결되니까요.

네 발의 치료사,
개 테라피

두 고양이의 보호자인 내 경우에 고양이를 좋아했다는 숙종의 이야기에는 귀가 솔깃해지지 않을 수 없습니다. 마치 귀를 세운 고양이처럼요. 조선 후기 실학자 이익의 『성호사설』에 보면 숙종이 고양이를 끔찍이 아낀 것으로 나옵니다. 고양이 이름이 '금묘'였는데요. 수라상의 고기를 나눠 먹기도 했고, 금묘를 안은 채로 정사를 보기도 해 후궁들의 따가운 질투를 받기도 했다는데요.

숙종 하면 풍파 많은 왕으로 유명합니다. 세 차례의 당파 싸움과 인현 왕후의 죽음, 장희빈의 폐위 등… 그래서였을까요. 숙종은 사람보다는 금묘에게 큰 위로를 받은 듯했고 금묘도 숙종을 무척 따랐다고 합니다. 지금처럼 고양이를 반려동물로 키우는 것이 일반화되지 않았을 텐데 말입니다. 숙종은 46세에 세상을 떠났는데요. 신기하게도 숙종이 죽고 얼마 지나지 않아 금묘 또한 세상을 떠났다는군요.

내게도 숙종의 금묘처럼 그에 못지않은 고양이가 있습니다. 섬이 우리 집에 온 지 얼마 안 되었을 때입니다. 높은 곳에 있던 녀석을 꺼내주려다 뒤로 넘어져 갈빗대가 2대 금이 간 적이 있었는데요. 그런데도 섬이 밉지 않은 것은 가족 같기 때문이겠지요. 늦잠을 자고 있으면 입술에 뽀뽀를 해서 나를 깨웁니다. 심지어 야단맞을 짓을 한 후에도 먼저 다가와 뽀뽀를 하는데 어쩌겠습니까.

고양이들은 산책하기를 싫어한다는데 우리 섬은 산책고양이입니다. 단 절대 내가 앞에 가면 안 되는 것이 개와의 차이점입니다. 주인을 닮아서인지 생선보다는 과일을 더 좋아하는 섬. 김과 참외는 5백 미터 뒤에서라도 냄새를 맡고 달려올 정도니까요. '섬' 이야기만 나오면 팔불출처럼 자랑이 끊이질 않으니… 사실 섬과 강이 온 뒤로 그들을 통해 내가 받는 것이 더 많기 때문인지도 모릅니다.

개 테라피 정말 효과 있을까

정신분석가 지그문트 프로이트는 내담자들의 심리적 안정을 위해 진료실에서 애완견 차우차우와 함께 진찰했다고 하는데요. 개와 고양이는 이렇듯 인간과 특별한 친분으로 애완동물에서 반려동물로 진화하였습니다.

개 테라피(dog therapy)라는 말 들어보셨지요? 브라질의 수도 브라질리아에서는 항암치료 환자나 만성환자등 심리적인 안정이 필요한 환자에게 매주 특별한 치료사가 찾아온다는데요. 짐작하셨듯 개 치료사입니다. 15분간 환자의 침대에 머물기도 하고 보행이 가능한 환자와는 함께 복도를 산책하기도 하는데요. 이 치료 활동을 개 테라피라고 부릅니다.

그렇다면 개 테라피가 정말 효과가 있는 것일까요? 런던 골드스미스대학에서 다양한 견종 18마리를 슬피 울고 있는 사람의 곁에 들여놓고 실험을 했습니다. 18마리 중 15마리가 슬피 우는 사람 곁에 다가와 스킨십을 하며 위로를 했다는데요.

임상심리학자 보리스 레빈손(Boris Levinson)의 보고에 따르면 사회성이 부족하고 실어증에 걸린 아이를 개와 함께 놀게 했더니 아이는 개에게 의존했고 실어증 증상까지 개선되었다는 것입니다(보리스 레빈손 연구보고서 1969~1979). 러시아에서는 이미 개들이 자폐증이나 다운증후군을 앓고 있는 아이의 치료를 돕고 있습니다.

언젠가 다운증후군을 앓고 있는 아이와 스킨십을 하는 개의 영상이 해외 언론에 소개가 되어 화제가 된 적이 있는데요. 래브라도 리트리버종으로 알려진 견공이, 신체 접촉을 기피하며 눈도 맞추지 않는 5살짜리 다운증후군을 앓고 있는 아이의 관심을 끌려고 노력하는 모습이 보입니다. 처음에는 귀찮아하던 아이가 드디어 개에게 눈길을 주자 마치 견공이

"잘했어"라고 말하듯 아이의 어깨에 손을 얹으며 다독이는 모습이 참 따뜻한 기억으로 남아 있습니다.

펫로스 증후군

A양은 얼마 전 13년 키운 강아지를 떠나보내면서 극심한 스트레스와 우울증세에 시달리고 있다고 합니다. 누가 강아지 얘기만 꺼내도 저절로 눈물이 나온다는 것이지요. 그래도 지금은 조금 나아졌지만 처음엔 밥도 못 먹고 하루 종일 울기만 했다고 합니다. 얘기를 들어보니 강아지를 죽음으로 내몬 이유가 조금 어처구니없기도 합니다.

원래 몸이 좋지 않은 강아지여서 순발력이 떨어졌던 탓도 있겠지요. 베란다의 걸레봉이 쓰러지면서 옆에 있던 강아지의 머리를 강타했는데요. 하필 뇌에 충격을 받아서인지 간질 발작처럼 온몸을 버둥대며 발작을 하고 토하고… 밤새 발작을 하는 강아지의 팔다리를 주물러 주며 새벽을 맞았는데요. 발작이 끝나면 지친 몸을 늘어트리고 헉헉거리는 모습이 너무도 안쓰러웠다고 합니다.

병원에서는 뇌를 다친 듯하다며 안락사를 권했고 A양은 너무 힘들게 발작을 하는 강아지를 보며 의사의 소견을 받아들일 수밖에 없었지요. 그런데도 자꾸 죄책감이 밀려오고 예쁘고 사랑스러웠던 모습보다는 발작할 때의 모습만이 떠올라 몹시 괴롭다는 것이었습니다.

이런 일이 어찌 A양만의 일이겠습니까. 동물 인구 1,000만 시대. 6명

중 한 명이 반려동물을 키우고 있는데요. 모두들 한 번은 겪어야 할 이별이겠지요. 죽음에 임하는 사연만 다를 뿐. 그럴 수밖에 없는 것이 반려동물의 생애주기는 길어야 15년, 사람 생애주기의 4분의 1 정도밖에 안 되니 대부분 먼저 떠나보내야 합니다.

하지만 마음의 상처로 치면 사랑하는 가족이나 친구를 떠나보낸 것 못지않은 슬픔입니다. 실제 2012년에 부산에서는 펫로스 증후군을 앓던 40대 여성이 자살한 사건도 있었지요. 그저 단순히 동물 한 마리가 죽은 것이 아니라는 의미이지요.

심리학자이면서 죽음 분야의 권위자인 엘리자베스 퀴블러 로스(Elizabeth Kubler Ross) 박사의 이론을 빌려 보면 그녀는 수많은 임종을 지켜보면서 환자들이 자신의 병 또는 죽음을 받아들이는 단계가 있음을 발견하게 되는데요. 분노, 부정, 타협, 우울, 수용의 다섯 단계를 거치며 서서히 인정하게 되더라는 것입니다. 그것은 사랑하는 사람이나 반려동물을 잃었을 때도 마찬가지입니다.

고개를 푹 숙인 채 발밑에 쓰러져 있는 세 개의 컵을 내려다보며 고개 숙인 그(또는 그녀). '파이브 컵(Five of Cups)' 카드의 주인공은 몹시 우울하고 비통해 보입니다. 얼마 전 사랑하는 강아지를 잃은 그녀의 모습과 같습니다. 쓰러져 있는 것은 그녀가 잃은 것들입니다. 그녀(그)는 하염없이 그 쓰러진 컵만을 바라보고 있네요. 등 뒤의 컵이 아직 2개나 남아 있

파이브 컵
Five of Cups

는데 말입니다.

그래서 그녀(그)의 마음은 길 건너에 보이는 폐가처럼 피폐합니다. 쓰러진 컵만 보지 말고, 눈앞의 슬픔에서 벗어나 아직 남아 있는 2개의 컵을 본다면 아마도 슬픔에서 벗어날 수 있지 않을까요. 멀리 다리도 보이는 것을 보면 그 자리에서 움직이면 자신의 슬픈 감정에서 벗어날 수 있음을 보여줍니다.

동물은 떠나야 하는 순간 삶에 집착하지 않습니다. 죽음을 어떻게 받아들여야 하는지 우리의 반려동물은 자신의 죽음을 통해 우리에게 선행 학습을 시키는지도 모르지요. 죽음을 안다는 것은 다시 말하면 어떻게 살아야 하는지도 아는 일일 테니까요.

'죽음(Death)' 카드인데요. 이름처럼 죽음의 도래를 의미하는 것 같지만 이 카드에는 어떻게 죽음을 맞아야 할지도 함께 보여주고 있습니다. 잘 죽기 위해서는 먼저 잘 살아야 하기 때문입니다. 죽음의 전령사가 말을 타고 다가옵니다. 그것은 반대 방향으로 펄럭이는 깃발을 통해서도 알 수 있습니다. 시간의 방향이 바뀐 것이지요.

죽음
Death

그런데 죽음을 맞이하는 사람들의 자세가 참 다양하군요. 황제로 보이는 남자는 이미 쓰러져 있고 사제로 보이는 남자는 손을 싹싹 빌고 있습니다. 여자는 고개를 돌려 외면하고 아이만 천진하게 꽃을 들고 환영합니다. 이 네 사람은 살아서 우리가 가진 욕망의 다른 모습처럼 죽음을 맞는 것 또한 비슷한 모습입니다.

아이 같은 순수함이란 어떤 것일까요?

'태양(The Sun)' 카드에서는 매일 새롭게 태어나는 태양을 통해 순수함을 보여주고 있습니다. 태양은 매일 태어나기 때문에 매일 어린아이입니다. 그래서 매일 어린아이처럼 생명력으로 넘쳐납니다.

젠 타로에서는 '순수(Innocence)' 카드를 통해 삶의 깊은 체험에서 나오는 순수함을 표현하고 있습니다. 자신의 손가락 위에 있는 사마귀를 보며 호쾌하게 웃는 백발의 할아버지 모습에서 아이의 순수함이 연상되니 말입니다.

웨이트 타로의 어린이는 어려서 무지할 수도 있습니다. 불의 속성 중 어린아이같이 신중하지 못하고 불이 옮겨붙듯 성급한 점도 있기 때문입니다. 그러나 젠 타로에서의 순수함은 지혜와 경험의 축적을 통해서 다시 어린아이로 부활한 '열린' 순수함을 볼 수 있습니다. 어쩌면 우리가 말하는 '자아 완성'의 모습이 바로 저 어린아이같이 순수한 백발노인의 모습은 아닐까요.

태양
The Sun

순수
Innocence

반려동물은 우리 인간을 인간답게 만들어준다

가끔 나를 분노하게 하는 일 중의 하나가 동물 학대입니다. 엽기 살인마들에겐 공통된 특징이 하나 있는데요. 바로 동물을 학대했다는 점입니다. 동물 학대를 통해 살인을 연습했다는 것이지요. 강호순은 심지어 검거 당시 자신의 축사에서 여러 동물들로 살인 연습을 한 것으로 밝혀져 우리를 경악하게 했는데요. 개를 많이 죽이다 보니 사람 죽이는 것도 아무렇지 않게 느껴졌다는 것입니다.

동물을 사랑한다는 것은 우리 인간의 잃어버린 측은지심을 회복하는 일입니다. 동물과의 교감은 그런 의미에서 우리 인간을 인간답게 만들어주는 셈이지요. 동물들이 존중받는 사회가 조금 더 살기 좋은 사회임은 분명합니다.

여명이 밝아 옵니다. 나는 내 반려동물인 섬과 강이 나와 함께 깨어 있습니다. 고양이는 글을 쓰는 내 옆에서 캣 타워를 오르내리기도 하며 놀고 있습니다. 거실에선 아직 켜 둔 텔레비전에서 새벽 뉴스가 흘러나옵니다. 마지막 어둠을 쓸어내는 듯한 경비 아저씨의 새벽 비질 소리.

어둠에게 감사합니다.
나를 선명하게 해 주기 때문입니다.

지금 나는 없음으로 가득 찬 넘침을 경험하고 있습니다.

자유롭게 살기 위한 나의 기도

남들에게 인정받기보다는
나 자신이 먼저 나를 인정하게 하소서

남들의 평가보다는
나 자신의 노력에 기쁨을 느끼게 하소서

내가 어디에 속하지 않아도
여기에 있음으로 행복감을 갖게 하소서

내가 타인의 기대에 못 미친다면
타인도 나의 기대를 배반할 수 있음을 알게 하소서

인생의 과제를 잊지 않고
사는 동안 끊임없이 나를 돌아보게 하소서

내면의 소리에 귀 기울여
지혜를 깨우는 기도하는 삶을 살게 하소서

타로, 내면의 그림자

"종교를 가지고 있나요?"

이렇게 누군가가 물을 때 나는 "모든 종교를 믿는 다원주의자"라고 답합니다. 소백산 부석사를 찾을 때의 두근거림과, 남태평양 마오리족이 선망하는 문양과 의식을 보거나 유럽의 중세 대성당을 볼 때의 경건함과, 아프리카의 토속 신앙물을 볼 때의 아련한 느낌은 결코 다르지 않았습니다.

내게 타로는 바로 그런 것이지요.

자신의 내면을 들여다보는 도구로 많은 긍정적인 가치를 내면화할 수 있는 매개.

내 존재의 영속성을 인식하고 나와 타인을 연결해주는 다리.

가톨릭 역사가 담긴 상징이며, 불교가 가르치는 자신을 낮추는 수행.

내게 타로는 정말 그런 것이니 고마워할 일이지요.

타로카드는 그림자이다.

동굴에서 일렁이는 불빛이고,

당신의 내면을,

당신의 마음을,

그리고 당신의 영혼을 그림자로 반추해주는 것.

당신의 그림자는 오늘 어디로 향하고 있는가?

Tarot Emotion Diary

타로 감정 다이어리

20 . . .

오늘의 감정

20 . . .

오늘의 감정

20 . . .

오늘의 감정

20 . . .

오늘의 감정

20 . . .

오늘의 감정

20 . . .

오늘의 감정

20 . . .

오늘의 감정

20 . . .

오늘의 감정

20 . . .

오늘의 감정

20 . . .

오늘의 감정

20 . . .

오늘의 감정

---

20 . . .

오늘의 감정

---

20 . . .

오늘의 감정

---

20 . . .

오늘의 감정

---

20 . . .

오늘의 감정

20 . . .

오늘의 감정

20 . . .

오늘의 감정

20 . . .

오늘의 감정

20 . . .

오늘의 감정

20 . . .

오늘의 감정

20 . . .

오늘의 감정

20 . . .

오늘의 감정

20 . . .

오늘의 감정

20 . . .

오늘의 감정

20 . . .

오늘의 감정

20 . . .

오늘의 감정

20 . . .

오늘의 감정

20 . . .

오늘의 감정

20 . . .

오늘의 감정

20 . . .

오늘의 감정

20　 . 　 . 　 .

오늘의 감정

20　 . 　 . 　 .

오늘의 감정

20　 . 　 . 　 .

오늘의 감정

20　 . 　 . 　 .

오늘의 감정

20　 . 　 . 　 .

오늘의 감정

20 . . .

오늘의 감정

20 . . .

오늘의 감정

20 . . .

오늘의 감정

20 . . .

오늘의 감정

20 . . .

오늘의 감정

20 . . .

오늘의 감정

20 . . .

오늘의 감정

20 . . .

오늘의 감정

20 . . .

오늘의 감정

20 . . .

오늘의 감정

20 . . .

오늘의 감정

20 . . .

오늘의 감정

20 . . .

오늘의 감정

20 . . .

오늘의 감정

20 . . .

오늘의 감정

20 . . .

오늘의 감정

20 . . .

오늘의 감정

20 . . .

오늘의 감정

20 . . .

오늘의 감정

20 . . .

오늘의 감정

20 . . .

오늘의 감정

20 . . .

오늘의 감정

20 . . .

오늘의 감정

20 . . .

오늘의 감정

20 . . .

오늘의 감정

20 . . .

오늘의 감정

20 . . .

오늘의 감정

20 . . .

오늘의 감정

20 . . .

오늘의 감정

20 . . .

오늘의 감정

20   .   .   .

오늘의 감정

20   .   .   .

오늘의 감정

20   .   .   .

오늘의 감정

20   .   .   .

오늘의 감정

20   .   .   .

오늘의 감정

20   .   .   .

오늘의 감정

20   .   .   .

오늘의 감정

20   .   .   .

오늘의 감정

20   .   .   .

오늘의 감정

20   .   .   .

오늘의 감정

20 . . .

오늘의 감정

20 . . .

오늘의 감정

20 . . .

오늘의 감정

20 . . .

오늘의 감정

20 . . .

오늘의 감정

20 . . .

오늘의 감정

20 . . .

오늘의 감정

20 . . .

오늘의 감정

20 . . .

오늘의 감정

20 . . .

오늘의 감정

20 . . .

오늘의 감정

20 . . .

오늘의 감정

20 . . .

오늘의 감정

20 . . .

오늘의 감정

20 . . .

오늘의 감정